당하지
않습니다

당하지 않습니다

김영호 지음

메
카르북스

서연

대기업 새빛주식회사의 기획팀 주임. 입사 전, 대형 외식업체에서 아르
바이트를 했고 이후 몇 달간 구직활동을 하며 실업급여를 받았다. 아르
바이트를 할 때는 삼촌의 도움을 받아 자신의 권리를 강하게 주장했지
만 대기업에 입사한 이후에는 조직문화에 순응하며 살아가고 있다.

민주

중견기업 인사팀에서 각종 인사기획업무를 맡고 있으며 과거에 서연과
함께 아르바이트를 했다. 회사에서 능력을 인정받아 동기들 중에서 가
장 먼저 과장이 되었다. 자신의 의지와 무관하게 회사의 요구에 따라 기
획안을 올려야 하는 현실에 고민한다.

민기

새빛주식회사의 하청업체인 새빛서비스 가인센터의 수리기사. 이전 직
장에서 부당해고를 당한 후, 이름을 문기로 개명하고 새빛서비스의 노
조 위원장이 된다. 노조활동을 하는 과정에서 서연의 도움을 받게 된다.

한신

4명이 일하고 있는 출판사 홍보 직원. 알바 노조의 간부였다. 회사가 폐
업한 후 기간제 노동자로 근무하기도 했다. 노동법에 대한 해박한 지식
으로 문제에 논리적으로 대응한다.

"팀장님, 죄송한데요."

약자의 권리는 쉽게 꺾인다.
꺾인 권리에 대해 누군가는 목소리를 내야 한다.
그만큼 사회는 진보한다.

아픈 것도
허락받아야 하나요?

하루 종일 콧물이 났다. 기침도 멎을 생각을 않는다. 머리는 멍하고 온
몸에 기력이 다 빠져나간 느낌이다.

'휴, 어떡하지? 회사 일도 많은데…… 아니야, 일단 내가 살고 봐야지.
회사가 내 목숨 책임질 거야?'

서연은 잡념을 떨쳐내듯 고개를 좌우로 급하게 흔들었다. 그리고선 긴
한숨을 내쉬며 회사 인트라넷에 접속한다. 병가 신청서를 클릭하고 급한
대로 내일 금요일 하루, 체크를 한 후 전송 버튼을 누른다.

회사 취업규칙(보통 사규라 불린다. 회사 근로자들에게 공통적으로
적용되는 근로조건 등이 담겨 있는 문서로서 법적 효력을 가진다)에는
"병가는 최대 10일간 허용한다, 3일 이내 병가의 경우 결재를 받아 사용
하며, 사후 처방전 혹은 진료확인서를 제출하여야 한다. 3일을 초과하는

때에는 부득이한 경우를 제외하고는 의사의 진단서 혹은 소견서를 받아 사전 결재를 득해야 한다"라고 규정돼 있었다.

'하필 일도 많은 이 시기에 병가라니.'

이런 때일수록 윗사람의 심기를 건드리지 않는 게 좋다. 전송 버튼을 누르자마자 서연은 옷매무새를 가다듬고 팀장 자리로 걸어갔다. 코를 계속 훌쩍거렸다. 기침도 했다. 팀장에게 내가 아프다는 걸 일부러 보여 주기 위해서가 아니었다. 그저 콧물이 흘렀을 뿐이고 기침이 났을 뿐이었다.

"저, 팀장님······"
"아, 박 주임, 무슨 일이지?"
"제가 지금 결재서류 하나 올렸는데요······"

팀장은 반색했다.

"와, 박 주임 능력자네!"
"네?"
"어제 내가 부탁한 자료, 그거 벌써 다 끝낸 거야? 역시 박 주임 대단해."
"아, 팀장님, 그게 아니고······"

서연의 말이 채 끝나기도 전에 김 팀장은 "어디 한 번 볼까" 혼잣말을 하면서 딸깍, 마우스의 왼쪽 귀퉁이를 눌렀다.

　모니터에 또 하나의 창이 열리는 순간 김 팀장은 미간을 찌푸렸다. 공기의 색깔이 우울한 회색빛으로 달라지는 찰나의 순간이었다. 김 팀장은 입을 굳게 다물었다. 아주 짧은, 순간의 정적이 흘렀다. 턱을 만지작거리던 김 팀장은 한숨을 내쉬며 한마디를 툭 내던졌다.

　가시가 돋아 있었다. 서연에게 말했지만 서연을 쳐다보지는 않았다. 모니터에게 얘기하는 듯했다. 아픈 부하직원에 대한 연민은 전혀 찾아볼 수 없는 말투였다.

　"박 주임 아파? 어디가 아픈데?"

　서연은 알고 있었다. 그건 자신에 대한 걱정도, 병명(病名)에 대한 궁금증도 아니라는 사실을.

　'얘가 지금 정신이 있어, 없어? 이 바쁜 시기에 병가를 신청해? 아주 간이 배 밖으로 나왔구나!'

　어디가 아프냐는 퉁명스러운 질문엔 그런 뜻이 담겨 있다는 걸 서연은 알고 있었다. 그래도 대답은 해야 했다.

　"팀장님, 죄송한데 제가 몸이 너무 안 좋아서요. 지금도 너무 힘들어요."

아픈 게 왜 죄송해야 하는 건지 이해할 수 없었다. 무엇보다 '너무'라는 부사는 병가 신청이 정당하다는 것을 강조하려는 게 아니었다. 진짜, 너무, 아팠다.

"내일 금요일인 건 알지?"

금요일이라는 말이 비수가 되어 서연의 가슴 한편을 찔렀다.

'내가 바보냐? 그걸 모르게. 금요일에 병가 내고 주말까지 쉬겠다는 불순한 의도가 아니냐를 말하고 싶은 거겠지. 지금까지 금요일에 휴가 낸적 단 한 번도 없는데. 아프다는 직원한테 위로 한 마디 해 주면 어디가 덧나냐? 이 야박한 인간아.'

하지만 서연은 대역죄인이라도 된 것처럼 고개를 푹 숙인 채 낮은 목소리로 대답했다.

"네. 팀장님. 알고 있습니다."
"지금 우리 팀 바쁜 거 몰라? 왜 이래, 박 주임! 내일만 나오면 주말이잖아? 그거 하루 못 참아?"

'팀장님, 저 요즘 계속 야근입니다! 지금 이주일째 햇빛도 못 보고 있다고요. 제가 언제 허투루 일한 적 있습니까? 너무 아파서 고작 하루 병

가 쓰겠다는 건데 왜 저를 인내심도 없는 사람으로 몰아붙이십니까?'라
고 말하고 싶었다.

하지만 갑에게 을의 진심이란,
무능한 자의 변명으로 치부될 뿐이다.
서연은 진심보다 실리를 택하기로 했다.

"네, 팀장님. 죄송합니다. 근데 진짜 몸이 너무 힘들어서요. 말씀하신
자료는 저번에 지시하신 대로 월요일까지 꼭 마무리하겠습니다. 내일은
좀 쉬겠습니다."
"알았어. 자리에 가 있어. 자료 데드라인이 언제인지 확인 좀 하고 다
시 부를게."

서연의 말마따나 자료는 월요일까지 처리하면 될 일이었다. 김 팀장은
병가를 보류하라는 자신의 말이 그녀에게 먹히지 않았다는 사실이 불
쾌했다.

'어린애가 어른이 좋게 얘기할 때 네네 할 것이지, 어디서 나쁜 버릇은
배워서…… 내가 직장 다닐 땐 저러지 않았는데 말이야, 저래서 어떻게
사회생활 하려고.'

아픈 사람의 마음 따위는 팀장에게 중요하지 않았다. 그깟 콧물과 기

침 정도도 이겨내지 못하는 박 주임이 한심스럽고 괘씸했다. 상사 말에 토를 다는 나쁜 습관도 고쳐 주고 싶었고 내심 '이번 기회에 나의 권력을 한번 보여 주자' 싶었다.

"박 주임, 잠깐 자리로 와요."
"네, 팀장님."

서연은 짐짓 미안한 표정을 지으며 팀장 자리로 걸어갔다.

"자기한테 미안한 말인데 내일 하루만 견뎌 봐. 일하지 않고 그냥 앉아만 있어도 좋으니까. 그리고 병원은 내일 점심에 잠깐 갔다 오는 걸로 하자. 오케이?"

진짜 아파서, 엄청 고민하다가 참다못해 어쩔 수 없이 병가 신청한 건데 팀장은 왜 난리를 치는 걸까. 서연은 생각했다. 너무 억울하고 분했는지 머릿속에 저장돼 있던 침묵의 강물이 그녀의 의지를 짓밟으며 일순간 터지고야 말았다.

"네? 팀장님, 가만히 앉아 있을 바에야 회사는 왜 나옵니까? 지금까지 밤낮없이 일해 오지 않았습니까? 진짜 몸이 아파서 하루 병가 내는 게 그렇게 잘못된 겁니까?"

아차, 싶었다. 고개를 숙이고 키보드를 딸그락거리던 주위의 선배와 동기들이 고개를 빼꼼 내밀고선 이 흥미로운 상황에 관심을 가지기 시작했다.

"내가 이래서 여자는 뽑지 말자고 그렇게 말했건만……"
김 팀장은 낮은 소리로 중얼거렸다. 그는 노련했다. 큰 소리는 힘없는 자의 처절한 외침일 뿐이다. 목소리 크기 외에는 자기의 뜻을 드러낼 방법이 없는 사람들의 유일한 저항이었다. 권력을 가진 자는 소리를 지를 필요가 없다. 잔잔한 소리가 더 힘이 있다는 걸 팀장은 알고 있었다.
낮은 소리의 모욕감은 서연의 정신을 혼미하게 했다. 여직원을 길들이는 팀장만의 방식을 익히 들어 왔지만 직접 당하고 나니 뭘 어떻게 얘기해야 할지 아무것도 머릿속에 떠오르지 않았다.

"박 주임?"
"네……"
"병가는 팀장에게 전결권 있는 거 알지? 다음번에 기회 봐서 병가 내줄 테니까 내일은 그냥 나와요. 너무 기분 나쁘게 생각하진 말고. 조직사회다, 생각하고 이해해 줘."

팀장에게 병가란 여유 있을 때 주는 혜택 같은 것일까? 자기도 여자면서 어떻게 저런 말을 입에 담을 수 있는 걸까? 특별한 이유 없이 습관적으로 병가를 신청하는 직원도 있다는 걸 안다. 하지만 회사를 위해서 밤낮없이 충성하고 있는 자신이 그런 직원들과 동일하게 취급받고 있다는 사실이 억울했다. 그러다 짜증이 났고 어느 순간 쓰나미 같은 분노가 밀려왔다. 하지만 입속에 한가득 터져 나올 것만 같은 섭섭함과 억울함 그리고 분노의 말들을 꾸역꾸역 식도로 집어삼키며 서연은 말했다.

"네. 알겠습니다."

팀장의 자리에서 자신의 자리로 걸어 들어오는 몇 발자국의 길이 천릿길처럼 느껴졌다. 그 천릿길을 걸으며 삼촌에게 배웠던 **병가**에 대한 법률 지식을 마음속으로 복기해 보았다.

1. 병가(업무상 재해로 인한 질병이나 사고가 아니라 개인 사정으로 인한 사고, 질병 때문에 쉬는 휴가를 말한다)는 근로기준법에 규정돼 있지 않다. 근로기준법에 규정돼 있지 않다는 건 병가를 줘야 할 의무가 회사에 없다는 말과 같다.
2. 병가 기간이 며칠인지, 병가 기간에 임금을 지급해야 하는지 아닌지가 법에는 나와 있지 않다는 말이다. 병가는 그저 회사의 취업규칙에 나와 있을 뿐이다(노동조합이 만들어져 있는 사업장에서는 단체협약에도 나와 있다).
3. 근로자 수가 10인 미만인 사업장은 취업규칙 작성의무가 없다. 그런 조그마한 사업장에서 일하는 직장인들은 근로계약을 봐야 한다. 병가는 근로계약에 명시해야 하는 필수사항이 아니므로 병가 규정이 없는 곳이 수두룩하다.

병가란, 어떤 회사를 다니는가에 따라 그 조건이 달라지는, 노동시장 양극화의 실상과 노동인권에 대한 사업주의 철학을 드러내 주는 휴가였다.

서연은 과거 삼촌과의 대화가 떠올랐다.

***

"삼촌. 나 공무원 시험 준비할 건데, 공무원들도 병가가 천차만별이야?"

"아냐, 공무원들은 공무원 복무규정이란 게 있어. 개인적인 질병으로 업무 수행이 어려울 때는 60일까지 병가를 낼 수 있지."

"대박! 그럼 그 기간에 돈도 나와?"

"응, 나와. 유식한 말로 그걸 유급병가라고 하지. 그런데 공무원들도 병가규정 활용 못할 때가 많아. 병가제도가 있긴 하지만 쓰질 않거나 연가를 활용하는 경우도 많아. 조직문화나 관행의 문제랄까. 우리나라는 아픈 사람이 참 살기 힘든 나라야. 아픈 것도 힘든데 눈치도 엄청 봐야 하지."

그때 서연은 생각했다. 아무리 병가를 활용하는 문화가 안 돼 있더라도 공무원들은 법 규정이라도 있는 거 아니냐고. 국민들은 공무원들이 아플 때 편하게 쉬라고 십시일반 세금을 내고 있는데, 왜 사기업체는 병가에 관한 법 규정조차 없는 걸까. 결국 회사의 의지에 따라 병가를 주지 않더라도 괜찮다는 거잖아.

쳇. 유급병가 0일과 60일이라…… 그러니까 학생들이 공무원 시험에 몰리는 거지. 공무원 시험에 몰리는 학생들에게 꿈이 없다, 야망이 없다, 욕할 게 아니라 국회를 욕해야 하는 거 아냐? 그 많은 세비 받아먹고서 청년들을 위해, 직장인들을 위해, 뭘 하고 있냐고. 대체……

***

그때 그 생각이 서연에게 현실이 되었다. 그 빈약한 법 때문에 팀장에게 한 마디의 대응도 할 수 없었다. 쓰러지듯 털썩 자리에 앉았다. 하필 모니터엔 보란 듯이 최신 기사 하나가 열려 있었다.

9월 5일 집배원 이 모 씨(53)가 자택에서 번개탄과 함께 숨진 채 발견됐다. 이 씨가 남긴 유서에는 이렇게 적혀 있었다. **'두렵다. 이 아픈 몸 이 끌고 출근하라네. 사람 취급 안 하네. 가족들 미안해.'**[1]

'사람 취급 안 하네'라는 유서 글귀가 심장 한구석을 미세한 바늘로 찌르는 듯했다. 마음이 아려 왔다. 왜 우리나라는 아픈 직장인에 대한 휴식권이 법으로 보장되어 있지 않은 걸까? 아픈 사람에겐 기본적인 인 권조차 없는 걸까? 어째서 병가는 권리가 아니라 사용자가 베푸는 수혜에 불과하단 말인가!

서연은 기사를 보며 상념에 빠졌다. 하긴, 나도 딱히 사람 취급을 받고 있는 것 같지는 않군…… 감당할 수 없는 자괴감이 몰려왔다.

몸도 아팠고, 마음도 아팠다. 이러다가 정말 쓰러질지도 모를 일이다. 유서라도 써 놓아야 하나……

아냐. 난 싸울 거야.

끝은 무딜지 몰라도 송곳이 될 거다.

삼촌은 말했다. 우리 사회는 억울한 피해자가 득실대고 있지만, 누구도 입을 열지 않는 침묵의 카르텔이 작동되고 있는 사회라고. 그래서 누군가는 송곳이 되어야 한다고. 그 송곳이 결국 자신도 지키고, 사회도 지키게 될 거라고. 삼촌의 말 한 마디 때문에 송곳이라는 웹툰을 보았던 기억이 어렴풋이 떠올랐다.

수많은 사람 중에 내가 굳이 송곳이 되어야 하나? 하지만 아픈 것도 허락받아야 하는 냉정한 조직 안에서 난 버텨낼 수 있을까. 포기하기보다는 차라리 송곳이 되는 것이 더 의미 있지 않을까.

이런저런 생각을 하던 중 서연은 갑자기 그때 그 사건이 떠올라 몸서리를 쳤다. 알바 할 때였으니까 그게 몇 년 전이었더라.

알바생은
연차휴가가 없나요?

4년 전이었다. 서연은 이름만 대면 알 만한 대규모 외식업체의 한 지점에서 일했다. 단시간 알바 노동자였다.

서연은 자신을 정의롭다고 생각해 본 적이 없었다. 정의를 들먹일 만한 일도 아니었다. 그건 그저 상식이었다. 서연은 상식적인 사회에서 살고 싶었을 뿐이다. 서연은 기회를 노리다가 단물만 빼먹고 사라지는 야비한 인간도 아니었다.

단지 왜 자기가 그런 소리를 들어야 하는지 화가 났을 뿐이다. 그건 자연스러운 분노였다. 서연은 그저 점장에게 한 마디를 물어봤을 뿐이었다. 그녀의 태도는 또래 아이들에 비해서 정중했고 말에는 왠지 모를 진중함이 묻어 있었다.

"점장님, 제가 중요한 일이 있어 하루 정도 쉬고 싶어요. 저 같은 알바생도 연차휴가 쓸 수 있다고 들었습니다."

점장은 눈을 한 번 껌벅거리더니 가벼운 웃음-사실은 비웃음이었다-을 지으며 서연을 바라보았다.

"아빠가 변호사인 모양이네."
"네? 그게 무슨 말씀이세요?"
"어디 구석에 처박혀 있는 법 쪼가리 하나 끄집어 온 것 같은데, 점장 생활 10년 만에 처음 듣는 말이라서……"
"네? 연차휴가를 처음 들어보신다고요?"
"아니, 아니. 너같이 똥인지 된장인지 모르고 점장 앞에서 알짱대는 알바생 얘기 처음 들어본다고. 서연 씨, 힘들지? 그래, 그래. 힘들면 관둬. 괜히 시답잖은 노동법 쪼가리 들먹이지 말고. 하도 형편이 딱해 보여서 뽑아 줬더니 참나…… 근로감독관을 뽑았군 그래. 너 말고도 일할 사람 널려 있어. 알고 있니?"

서연은 이 상황을 이해할 수 없었다. 그리고 잠깐의 분노가 이어졌다.

"점장님. 연차휴가 쓸 수 있냐고 물어본 게 그렇게 잘못된 건가요? 제가 언제 힘들어서 그만두고 싶다고 했습니까?"

점장은 애당초 대화를 할 생각이 없었다.

알바생은 연차 휴가가 없나요?

알바생은 말하면 안 되는 존재였다.
말한다는 것,
그 자체가 점장에겐 불쾌한 경험이었다.

점장은 서연의 말을 듣지 않았다. 알바 노동자, 서연은 그런 존재였다.

"서연 씨, 다음다음 달까지 계약했지? 조금 빨리 관둬도 뭐라고 안 할
게. 이런 식이면 여기서 일하긴 힘들어. 뭘 좀 알고 덤비라고."

점장은 피곤하다는 듯 한숨과 짜증을 함께 담아 서연에게 말했다. 어
처구니가 없었다. 연차휴가 한 번 얘기했다가 잘리게 생겼다.

우리 사회의 갑질은
생각보다 훨씬 직설적이고 공격적이었다.

생각할 겨를도 없이 훅 들어온 점장의 기선 제압에 서연은 한발 물러
날 수밖에 없었다. 힘들게 얻은 알바 자리를 놓칠 수는 없었다. 목구멍이
포도청이란 속담은 과거의 유물이 아니었다. 그건 그녀의 삶 속에서 살
아 움직이는 생물이었다. 한번 침을 꼴깍 삼키고 입술을 악물었다. 그러
고는 가식적인 미소를 지으며 떨리는 목소리로 점장에게 사과했다.

"아…… 제가 버릇없이 얘기한 것 같습니다. 좀 더 알아봤어야 하는데

혹 오해하지 마시고요. 점장님이 워낙 잘해 주셔서 한번 여쭤본 거예요. 그런 거 잘 알고 계실 것 같아서요."

서연은 밑바닥까지 떨어진 자존심을 힘겹게 추스르며 점장을 달랬다. 아이가 어른을 달래는 꼴이라니……

갑질은 TV에서만 벌어지는 게 아니다.
우리 사회의 생활양식이자 관행이다.
호흡하는 것만큼이나 자연스럽고 밀접하게 우리 곁에 머물러 있다.

점장도 자기가 좀 심했다고 생각했는지 사과했다. 하지만 진심이라기보단 오래된 습관에서 나오는 관용어같이 느껴졌다. 숨 막히는 면담이 끝나고 연차 휴가에 대해서는 결국 한마디의 대답도 듣지 못한 채 을의 비루함만이 자리에 남았다.

***

퇴근길. 덜컹거리는 지하철의 손잡이를 붙잡았다. 가냘픈 서연의 몸이 이리저리 흔들렸다. 어쩜 이리도 힘이 없을까, 그녀는 자신의 무력함에 떨었다.

'언제까지 이렇게 살아야 하는 걸까?'

알바생은 연차휴가가 없나요?

몸이 흔들리자 마음도 함께 흔들렸다. 그 흔들림의 폭을 이겨내기 힘들었는지 메말라 있는 줄 알았던 눈물이 주책없이 쏟아졌다. 나한테 아직 눈물이 남아 있구나, 서연은 생각했다.

집으로 가는 길에 교회에 들렀다. 어릴 때부터 출석해 온 교회였다. 열명 정도 앉으면 꽉 차는 작은 교회의 기도실에서 서연은 울었다. 기도 소리는 나오지도 않았다. 그냥 울었다.

은은한 조명에 잔잔한 음악이 울려 퍼지는, 무엇보다 아무도 보지 않고 듣지 않는, 교회의 기도실은 소리 내어 울기에 딱 좋은 장소였다. 도대체 눈물이 어느 정도까지 몸속에 저장돼 있는 건지 궁금할 정도로 오랫동안 울었다.

슬픔은 억울함을 낳았고, 억울함은 분노를 낳았다.
그 감정의 변곡점을 지날 때마다 아팠다.
몸이든 마음이든, 슬픈 건 아픈 거다.

'도대체 내가 뭘 잘못했다고 지금 울고 있는 거지?'

스스로에 대한 연민은 타인에 대한 분노로 이어졌다. 교회의 기도실에서 서연은 점장을 떠올리며 분노했다. 교회라는 공간에서 누군가를 향해 불같은 분노를 품고 있자니 왠지 불경스럽게 느껴졌다. 하지만 억울한 감정은 이성과 의지만으로는 사라지지 않았다.

박영구. 소리 내어 저주를 퍼부을까 하다가 입을 틀어막고 마음속에 꾹꾹 눌러 담았다. 같은 종교를 가지고 있다며 좋아했던 기억이 떠올랐다. 박영구의 책상 위에는 늘 성경책이 놓여 있었다. 겉으로 보기에 신실한 기독교인이었지만, 성경은 그의 저급한 인격을 감추기 위한 포장지 혹은 라면 받침대에 불과했다.

송곳은 튀어나오기 마련이고
감추어진 인품은 드러나기 마련이다.

그에게 신앙은 있되 인격은 없었다. 그건 아무리 생각해 봐도 모순이었다. 서연은 그 신앙조차 거짓으로 느껴졌다. 점장의 책상에는 성경구절이 붙어 있었다.

"그러므로 누구든지 남에게 대접을 받고자 하는 대로 너희도 남을 대접하라 이것이 율법이요 선지자니라. (마태복음 7장 12절)"

손님은 대접하고 알바생은 대접하지 않는 점장…… 박영구는 사회 체면을 유지하기 위해 교회를 택했을 뿐이다.
하지만 분노만으론 세상을 바꿀 수 없다. 지식으로 무장하지 않은 분노는 폭력으로 매도된 채 부메랑이 되어 되돌아오곤 했다. 점장의 역겨운 빈정거림에 대항할 지식이 필요했다.

***

서연은 삼촌을 찾았다. 그는 노무사다. 1987년 노동자들의 대투쟁 이후 만들어진 직업이라고 삼촌은 서연에게 설명했다.

"삼촌, 나 오늘 연차휴가 얘기했다고 잘릴 뻔했어."

삼촌은 놀라지도 않았다. 눈을 한 번 껌벅거렸을 뿐이다.

"그래? 뭔 얘길 했길래?"

"연차휴가 쓰고 싶다고 했어. 그냥, 그런 거 있는 걸로 알고 있다고."

"서연아. 옛날에 전두환이 펼쳤던 정책 중에 3S라는 게 있어."

"3S? 그게 뭔데?"

"Sports, Screen, Sex. 전두환 정권은 의도적으로 스포츠, 영화, 유흥산업을 활성화시켰어. 그게 3S야."

"그게 연차휴가랑 뭔 상관이야?"

"전두환은 국민들을 바보로 만들고 싶었을 거야. 스포츠나 보고, 미성년자 관람불가 영화나 보면서 정치 같은 거 생각하지 말란 거지. 야간통금 풀어줄 테니까 어려운 정치 얘기 대신 밤새 술이나 마시라는 의도였어. 좀 어려운 말로 우민화 정책이라고 해. 언론의 보도가 곧 진실이라고 믿으며 바보처럼 살라는 거지."

"그래서 그게 연차휴가랑 무슨 상관이냐니까?"

"내가 생각하기에, 점장은 사실 좀 움찔했을 거야. 연차휴가 같은 건 알바 노동자들도 잘 모르니까. 그런 거 얘기할 줄은 상상도 못 했겠지. 그런데 네가 불러서는 안 될 그 이름을 불러 버린 거지. 볼드모트, 아니, 연차휴가를 말이야."

"내가 연차휴가를 얘기한 게 그렇게 신경 쓸 일이야?"

"서연아, 지식은 힘이란다. 한 사람의 입에서 나온 지식은 많은 사람을 각성시키지. 네 입에서 나온 한 마디의 말이 다른 알바 노동자들에게 어떤 파장을 불러올지, 점장은 그게 두려웠던 거야. 네가 주머니를 뚫고 나오는 송곳이 아닐까 하고."

"그럼 앞으로 어떻게 해야 해?"

"글쎄다. 서연이 너는 꽤 신중한 아이야. 하지만 언제 터질지 모르는 마그마를 품고 있기도 해. 너 같은 성격이라면 어중간한 선택은 하지 않겠지. 결국 넌 두 가지 중에 하나를 선택해야 할 거야. 아예 침묵하든지 아니면 송곳이 되든지."

서연은 묵언수행보다 송곳이 더 좋아 보였다. 일단 삼촌은 연차휴가에 대해 숙제를 냈다.

"서연아, 지금 계약기간이 8개월이라고 했지? 그리고 월요일부터 금요일까지 하루에 5시간씩 알바하고. 맞지?"

"응, 맞아."

"연차휴가에는 종류가 많아. 한꺼번에 다 보려면 힘들 거야. 우선 일한

알바생은 연차휴가가 없나요?

지 1년이 안 되는 단기 노동자에게도 연차휴가가 발생하는지부터 공부를 해 오렴. 그리고 한 주에 약 25시간 일하는 알바 노동자에게도 연차휴가가 발생하는지에 대해서도."

"그냥 바로 삼촌이 가르쳐 주면 안 돼?"

"서연아, 섭섭한 얘기일 수도 있겠지만 오늘 네가 경험한 건 약과야. 앞으로는 이런 사회 부조리를 더 많이, 더 자주 경험하게 될 거야. 지금부터라도 스스로 네 권리를 찾아보는 습관을 가져야 해. 스스로 공부할 때 더 기억에 오래 남는 법이거든. 아, 그리고 아직 우리나라는 노동자 수가 5인 미만이면 사용자가 법적으로 연차휴가를 부여해야 할 의무가 없어. 서연이 너네 사업장은 충분히 5명 이상이 될 테니까, 그 부분은 일단 생략하자꾸나."

***

군이 삼촌의 숙제 때문만은 아니었다. 너무나 분한 마음에 서연은 3년 전에 배웠던 노동법 교과서를 조심스레 펼쳐 들었다. 법률 용어는 어려웠다. 젠장. 우리나라 말인데 왜 이렇게 이해가 안 되는 걸까? 내가 독해력이 떨어지는 건지, 국회의원들이 잘난 체하며 법을 만든 건지, 아니면 원래 법이란 게 그런 건지…… 서연은 교과서를 뒤적거렸다. 그리고 '1년간 80퍼센트 이상 출근한 근로자에게 15일의 유급연차휴가를 주어야 한다'는 **연차휴가에 대한 조항**[2]이 서연의 눈에 선명하게 들어왔다.

'1년 이상 근무하면 연차휴가가 15일 나오는 건 알고 있는데. 삼촌이 일한 지 1년이 안 되는 알바생들에게 연차휴가가 발생하는지 알아보라고 했지? 어디 보자……'

서연의 눈에 '1년 미만인 근로자는 1개월 개근 시 1일의 유급휴가를 주어야 한다'는 근로기준법 제60조 제2항이 들어왔다.

'빙고! 숙제 하나 끝! 일한 지 1년이 되지 않았어도 한 달을 개근하면 연차휴가가 하루 나오는 거구나. 유급이니까 하루 쉬더라도 돈을 까면 안 되는 거고. 그런데 나 같은 알바생은 일하는 시간이 짧은데도 이런 연차휴가를 주나? 참, 삼촌이 그것도 알아보라고 했지? 어디 보자, 어디에 그런 말이 나와 있을까?'

근로기준법 시행령 별표 2라고 불리는 곳에 그 내용이 나와 있었다.

[별표 2] 단시간근로자의 근로조건 결정기준 등에 관한 사항

4. 휴일·휴가의 적용

가. 사용자는 단시간근로자에게 법 제55조에 따른 유급휴일을 주어야 한다.

나. 사용자는 단시간근로자에게 법 제60조에 따른 연차유급휴가를 주어야 한다. 이 경우 유급휴가는 다음의 방식으로 계산한 시간단위로 하며, 1시간 미만은 1시간으로 본다.

$$\text{통상 근로자의 연차휴가일수} \times \frac{\text{단시간근로자의 소정근로시간}}{\text{통상 근로자의 소정근로시간}} \times 8\text{시간}$$

알바생은 연차휴가가 없나요?

다. 사용자는 여성인 단시간근로자에 대하여 법 제73조에 따른 생리휴가 및 법 제
   74조에 따른 산전후휴가를 주어야 한다.
라. 가목 및 다목의 경우에 사용자가 지급하여야 하는 임금은 제2호가목에 따른
   일급 통상임금을 기준으로 한다.
마. 나목의 경우에 사용자가 지급하여야 하는 임금은 시간급을 기준으로 한다.

'근로기준법 시행령 별표 2? 뭔 말이야? 젠장. 대체 어느 별에서 쓰는
용어야? 중요하니까 별표라고 한 건가?'

서연은 투덜투덜하면서 별표 2의 내용을 뚫어지게 쳐다보았다.

어려웠다. 무슨 말인지 이해하기 힘들었다. 언어가 권력이라는 푸코의
말이 떠올랐다. 어렵게 어렵게 서연은 법전 속 암호 혹은 외계어와 같은
용어를 자신의 말로 해석해낼 수 있었다.

회사에서 일하는 일반적인 근로자보다 한 주간의 근로시간이 짧은 근
로자를 단시간 근로자라고 한다. 일반적인 정규 근로자는 보통 한 주에
40시간 일을 하는데, 나는 25시간 일을 하고 있으니까 나는 단시간 근로
자다.

만약 한 주에 근로시간이 15시간 이상이면 설사 나 같은 알바생이라
고 하더라도 연차휴가를 줘야 한다. 헉, 그런데 한 주에 근로시간이 15시
간 미만인 단시간 근로자에게는 연차휴가를 줘야 할 의무가 없다고 한
다. 이런 근로자를 초단시간 근로자라고 한단다.

서연은 생각했다.

'그럼 1주 소정근로시간이 15시간 이상만 되면 계약기간이 1년이 안 되더라도 한 달을 개근하면 연차휴가 하루를 주어야 한다는 거지? 그럼 한 달 개근하면 8시간 쉴 수 있다는 건가? 그건 아닐 것 같은데……'

무슨 말인지 한 번에 이해하기 힘들었지만 그것도 근로기준법 시행령 별표 2에 나와 있었다.

일반적으로 노동자들의 연차휴가는 일수로 부여하는데 노동시간이 짧은 단시간 노동자들은 연차휴가를 시간으로 부여한다고 되어 있었다. 그리고 이해하기 힘든 공식이 서연의 앞을 가로막았다.

단시간 노동자의 연차휴가 산정 공식이었다. 근의 공식보다 더 어렵게 느껴졌다.

$$\text{통상 근로자의 연차휴가일수} \times \frac{\text{단시간근로자의 소정근로시간}}{\text{통상 근로자의 소정근로시간}} \times 8\text{시간}$$

권리를 주장하기 위해선 권리를 알아야 했다. 하지만 그 과정이 쉽지 않았다. 그래도 포기하지 말자 다짐하며 서연은 차분하게 자신의 노동시간을 공식에 대입해 보았다.

알바생은 연차휴가가 없나요?

'보통 한 달을 개근하면 통상근로자(일반적인 정규근로자)는 1일의 연차휴가가 나오고, 통상근로자의 1주 소정근로시간은 40시간이지. 그리고 나는 소정근로시간(계약서에 나와 있는 근로시간)이 25시간이니까……'

1년 미만 통상근로자가 한 달 개근할 경우 연차휴가일수: 1일
통상근로자의 소정근로시간: 40시간
단시간 근로자(서연)의 소정근로시간: 25시간

그러면 한 달 개근 시 나의 연차휴가시간은 1일×(25시간/40시간)×8시간=5시간

'유레카! 아하, 이제 알겠다. 나는 어차피 하루에 5시간을 일하니까 한 달을 개근하면 하루, 즉 5시간의 연차휴가를 쓸 수 있는 거구나.'

서연은 안도의 한숨을 내쉰다.

그래, 내가 잘못 알고 있던 게 아니었어.
계약기간이 1년이 안 되더라도,
근로시간이 한 주에 40시간이 안 되더라도,
한 주에 15시간 이상 일하기로 계약을 했으면
연차휴가를 줘야 해.

서연은 근로자수가 5인 미만이면 연차휴가를 부여할 의무가 없다는 법 조항과 1주 근로시간이 15시간 미만이면 연차휴가를 부여할 의무가 없다는 법조항의 내용도 썩 맘에 들지는 않았다. 하지만 일단 법에 대한 불만보다는 자신의 주장이 틀리지 않았다는 사실에 안도했다.

서연은 물러날 생각이 전혀 없다. 그저 상식대로 일하고 싶을 뿐이다. 노동법의 상식을 실천하고 싶다. 하지만 그 상식이 얼마나 큰 대가를 요구할지 서연은 두려웠다.

그런 사회가 두려웠다. 하지만 동시에 그 두려움을 벗 삼아 오래된 갑질의 껍데기를 깨 보고 싶은 욕구 혹은 소명의식 같은 게 마음속에 솟구쳤다.

만지지
마세요

　민기가 궁금한 듯 서연에게 다가온다. 민기는 두 달 먼저 가게에 들어온 알바계의 선배이자 동갑내기 친구였다.

"어제 점장 만난 건 잘됐어?"
"어, 아니, 그냥, 뭐……"

　서연은 말을 얼버무렸다. 호기롭게 나갔다가 찍소리 한 번 못하고 나온 걸 굳이 얘기하고 싶진 않았다. 민기는 눈치가 빨랐다. 서연의 얼굴에 깔린 수심과 부끄러움을 직감했다.

"그래. 수고했어. 그래도 참 대단하다. 그런 걸 얘기해 볼 생각을 다하고. 저번에도 그러더니 네 용기가 부럽다. 조금씩 좋아지겠지, 뭐……"

　어젯밤 노동법 교과서를 들춰 보면서 서연은 생각했다. 상식이 통하지 않는 사회에서 법은 결코 현실의 꼼수를 이기지 못하는 게 아닐까? 과연 내가 보고 있는 이 법이 나를 구제할 수 있을까? 그냥 당하고 있지는 않으리라 생각했지만 자신은 없었다. 법의 문제라기보다는 우리 사회의 인격과 수준의 문제라는 절망감이 서연을 혼란스럽게 했다. 아무것도 할 수 없는, 스스로에 대한 실망감이 물밀듯이 밀려왔다.

**

일주일 전이었다.

삼십대 중반 정도 되어 보이는 세 명의 아저씨가 약간의 술 냄새를 풍기며 가게에 들어왔다. 식사도 하기 전에 무슨 술일까, 싶었지만 서연이 관여할 바 아니었다. 그저 정해진 매뉴얼에 따라 무덤덤하게 자리에 안내했다. 주문을 받고 돌아서려는데 뒤에서 속삭이는 소리가 들렸다.

"야, 재 예쁘지 않냐? 몇 살쯤 됐을까? 내가 번호 한 번 따 볼까? 손이나 한 번 슬쩍 건드려 볼까?"
"야, 꿈 깨. 영계가 너 같은 걸 거들떠나 보겠냐? 밥이나 드셔."

키득대는 웃음소리와 함께 그들의 대화가 사방이 꽉 막힌 가게 안에서 공기의 흐름을 타고 서연의 귓가로 전달되었다. 움찔하면서 서연은 거의 본능적으로 뒤를 돌아봤다. 그리고 그 사내를 노려보았다. 상식적으로 이해할 수 없는 일이었다. 아니 용납할 수 없는 일이었다. 그들이 미안

만지지 마세요

하다고 사과 한마디 하거나 최소한 당황스러워 할 줄 알았다. 그런데 뜻밖의 음성이 서연의 귓가를 때렸다.

"뭘 째려봐? 사람 처음 봐?"

뜻밖의 반응에 서연은 떨리는 가슴을 진정시키고 말했다.

"아, 아니, 지, 지금, 아저씨가 저한테 이상한 소리, 하셨잖아요?"
"뭐? 뭔 소리? 아, 너 예쁘다는 소리? 번호 따고 싶다는 소리? 지금 보니 예쁘지도 않네. 번호 필요 없다. 됐니? 어디서 손님한테 말대답이야?"

서연은 순간 얼음이 되었다. 뜻밖의 소동에 점장이 뛰어왔다.

"손님. 무슨 일이신가요? 뭐 불편하신 거라도……"
"알바생 관리, 어떻게 하시는 거예요? 좀 예뻐 보여서 혼잣말로 예쁘다고 했더니 손님을 째려보질 않나, 소릴 지르지 않나. 이 식당 컨셉이 침묵이에요? 말도 맘대로 못 하고? 참나."

점장은 연신 고개를 조아렸다.

"아이고, 죄송합니다. 죄송합니다. 얘가 온 지 얼마 안 돼서, 아직 뭘 잘 몰라요. 제가 가서 잘 교육시키겠습니다. 이제 앉으셔서 식사하세요. 죄송합니다. 죄송합니다. 어이, 서연 씨 뭐해? 죄송하다고 말하지 않고?"

"예? 제가요? 왜요?"

뜻밖의 요구에 서연은 당황했지만 점장은 눈짓으로 무언의 압박을 가하며 사과를 채근했다. 점장의 눈꼬리는 자꾸만 올라가고 있었다. 마치 본인에게 뭔가 문제가 있는 것처럼 공기의 흐름이 바뀌고 있었다. 옆에 서 있던 동료 알바생 민주도 옆구리를 툭툭 치며 머릿짓으로 사과를 설득하고 있었다.

그들에게는 내가 느낀 모욕감이 중요한 게 아니다.
불편한 상황이 싫었을 뿐이다.

"죄, 죄송합니다."

"너무 삐딱하게 살지 마세요. 예쁘다고 하면 좋아할 일 아닌가. 참 황당하네. 미안하다고 하니 됐어요. 이제 가서 일 보세요."

가해자는 피해자가 되었고, 피해자는 예쁘다는 말 한마디도 받아들이지 못하는 삐딱한 알바생이 되어 있었다. 자본주의의 민낯은 날카로운 송곳과도 같았다. 저런 진상에게도 고개를 숙여야 했다. 소비자가 왕이라는 말은 누가 만들었을까?

계급사회였다.
조그마한 가게 속에서도 계급의식이 살아 움직이고 있었다.

서연은 자신이 카스트제도의 맨 밑바닥에 깔려 있는 수드라 계급과도 같다고 생각했다.

그리고 내가 사장이 되면 이런 글을 가게 앞에 붙여 놓을 거라고 다짐했다.

"진상 고객은 출입을 금합니다. 노동자를 존중해 주세요. 성추행이나 성희롱 고객은 바로 추방하며, 형사고발 조치하겠습니다."

그리고 일하는 노동자에겐 이런 서약을 받을 거다.

"진상에게는 고개를 숙이지 않는다. 진상에게는 미안하다 말하지 않는다. 오히려 그들에게 당당히 사과를 요구한다. 나는 존귀한 존재다."

소비자는 그저 소비자일 뿐이다. 그들은 왕이 아니다. 아니, 왕처럼 대접을 받고 싶으면 왕처럼 백성을 섬겨야 한다. 그런 생각들이 꿈과 같이 서연의 머릿속을 스치고 지나갔다. 하지만 현실은 꿈이 아니었다.

***

일이 끝나자 점장은 서연을 호출했다.

"서연 씨, 잠깐 나 좀 볼까?"
"네."

근무시간 중의 일을 위로해 주겠거니 생각하며 서연은 점장실에 들어 갔다.

"왜 그리 까칠해? 장사 한두 번 해봐? 그렇게 나약해 빠져서야 앞으로 이 험한 세상 어떻게 살려고 해?"
"아, 점장님. 그래도 오늘 그 손님들은……"
"그래, 그래. 알아. 걔네들 진상인 것. 그래도 어떻게 해? 걔네들이 왕인 걸. 적당하게 살자. 그렇게 서연 씨처럼 다 따지다간 아무것도 못해. 그게 자본주의야. 그게 현실이라고. 알아?"

현실이라는 잔인한 단어 앞에 서연은 침묵했다. 그리고 진상 고객에 대해 점장에게 고충을 털어놓으려 했던 자신이 한심하게 느껴졌다.

서연은 **남녀고용평등법**[3]대로 점장에게 고충을 얘기하려 했다.
특히 고객이 성희롱을 해서 근로자가 고충 해소를 요청할 경우 사업 주가 가능한 조치를 취하도록 노력해야 한다는 **남녀고용평등법 제14조 의2**는 진상 고객들이 많다 보니 비교적 최근에 추가한 법조항이라고 삼촌이 말했다.

생각해 보니 동료 민주에게도 집적대는 인간들이 많았다. 전화번호를 물어보는 정도는 양반이었다. 슬쩍슬쩍 스킨십을 시도하는 경우도 보았다. 민주는 워낙 산전수전 다 겪은 친구라 대수롭지 않게 넘어갔지만 알바들만 있는 자리에선 온갖 쌍욕을 해댔다. 귀싸대기 시원하게 날리고 싶어도 자기만 손해 볼 것 같아서 그냥 참는다 했다. 그럼 점장한테 한번 얘기해 보는 게 어떻겠냐는 서연의 말에 민주는 피식 웃었다. '우리 서연이, 아직 사회생활 좀 더 해야겠구나'라며 그녀는 점장과 똑같이 말했다.

"서연아, 내 친구가 간호사야. 어느 날 변태 같은 환자가 밤에 외로우면 병실로 찾아 오랬다는 거야. 어떤 환자는 주사 놓으려고 팔을 잡았더니 끈적끈적한 목소리로 좀 더 부드럽게 만져 달라고 했다나 뭐라나. 그 친구, 노이로제 걸려서 병원 그만뒀어."

"그 정도로 힘들었으면 위에다 얘기를 좀 하지!"

"왜 얘기를 안 했겠니? 안 그래도 병원 경영 어려워 죽겠는데 그런 아무것도 아닌 일 가지고 소란 떨지 말라고 주의만 받고 왔대."

"아무것도 아닌 일? 그게 어떻게 아무것도 아닌 일이야?"

"내 말이…… 그때 그런 생각이 들었대. 아무것도 아닌 일이 아니라, 그 회사에선 자기가 아무것도 아닌 존재일 뿐이라고. 그래서 관뒀대."

민주의 말마따나 점장에게 법은 지켜야 할 규범이 아니라, 거추장스러

운 장식물에 불과했다. 근로감독이 나오면 그제야 몇 개 뒤적거려 보는
귀찮은 존재였다.

예전에 삼촌이 했던 얘기가 떠올랐다.

"우리 사회에서 성희롱은 빙산의 일각이야. 드러난 성희롱은 채 1%가
안 된다고 하지. 성희롱의 피해자라고 얘기하는 그 순간, 얼마나 많은 불
이익이 생길지 경험적으로 알고 있는 거야. 사실 같은 직장 내 동료나 상
사에 의한 성희롱도 문제지만, 고객에 의한 성희롱도 심각한 수준이야.
그런데 모두들 쉬쉬하고 있어. 두렵기도 하고, 피해자가 오히려 가해자가
되는 현실도 잘 알고 있기 때문이지. 그렇게 악화가 양화를 구축하고, 인
간의 존엄성은 서서히 질식사하게 되는 거야. 난 적어도 너같이 젊은 사
람들은 그 몰상식한 현실에 분노라도 했으면 좋겠어. 그렇다고 해서 현
실이 당장 크게 바뀌진 않겠지만 말이야. 부당한 현실 앞에서, 분노라는
건 지극히 당연한 감정 아닐까? 왜 우린 그런 당연한 감정조차 누리지
못하고 있는 걸까?"

서연도 그랬다. 당연히 누려야 할 상식적인 분노의 감정조차 속으로
삭이며 터덜터덜 하루의 끝을 향해 걸어갔다.

어둡다. 주위엔 아무도 없었다.

만지지 마세요

팀장님,
다음 주에 연차 쓰겠습니다

"점장님, 여기 연차휴가 신청서입니다."

서연은 두려웠다. 하지만 젊었다. 적어도 분노라도 해야 하지 않겠냐는 삼촌의 말이 하루살이 인생과도 같은 서연의 자존심을 건드렸다.

'까짓것. 한번 저질러 보지 뭐. 잘리기밖에 더 하겠어? 서연아 너 아직 젊잖아. 뭐가 그렇게 무섭니? 넌 잘못한 거 없어. 조그마한 법 하나도 지키지 못하는 이 사회가 잘못된 거지.'

서연의 휴가 신청에 점장은 잠깐 멈칫하는 듯했다. 하지만 곧 아무것도 아닌 것처럼 표정을 가다듬고 혼잣말처럼 중얼거렸다.

"알바생 주제에. 요즘 애들은 주제를 몰라. 조금만 잘해 주면 지들이 뭐라도 된 줄 안다니까."

"네? 점장님? 뭐라고요?"

"아, 아냐 서연 씨. 그냥 혼잣말이야."

'넌 혼잣말을 그렇게 남한테 들리게 말하냐? 유치하기는.'

혼잣말로도 갑질을 할 수 있다.
서연은 생각했다.

점장은 마치 못 볼 것을 본 것처럼 미간을 한껏 찌푸린 채 연차휴가 신청서를 째려보았다. 시선은 서류를 향해 있지만, 그 눈빛은 서류에 반사되어 서연을 향하고 있는 듯했다.

"이 신청서 어디서 가져왔니? 우리 가게엔 이런 거 없는데."

"인터넷에서 구했습니다."

"화요일. 다음 주네?"

"네."

"왜? 뭔 일 있어?"

"개인적인 일입니다."

"남자 친구랑 데이트하는 날이니?"

"개인적인 일입니다."

"그래도 연차휴가 신청하면서 이유는 얘기해 줘야 하지 않나? 그게 예의 같은데."

팀장님, 다음 주에 연차 쓰겠습니다

"개인적인 일이라고 말씀드렸습니다."

갑이란 존재는 을의 예의를 들먹이면서 자신의 몰상식은 모르는구나. 서연은 '연차휴가는 사용목적을 알릴 필요가 없는, 지극히 개인적인 휴가입니다. 이런 대규모 외식업체의 점장이 그런 기본적인 노무 상식도 모르시나요? 데이트는 도대체 또 뭡니까? 유치하게'라고 말하고 싶었지만, 말을 아꼈다.

점장이 진짜로 알고 싶은 건 서연이 왜 연차휴가를 신청했느냐가 아니라, 어떻게 이 휴가를 사용할 수 없도록 하는가에 있었다. 전략에 말리지 말자. 서연은 입을 굳게 다물었다.

"내가 안 된다고 하면 어쩔 거냐?"

점장은 생각보다 직설적이었다. 그걸 공격성이라고 이름 붙여야 하는 건지, 솔직함으로 이름 붙여야 하는 건지, 서연은 헷갈렸다.

"아무리 맘에 들지 않더라도, 다른 사람의 감정도 생각하면서 말을 뱉어야 하는 거야. 그게 어른이야. 우리 서연이는 이제 다 컸으니까, 다른 사람의 마음도 헤아려 가면서 얘기해야 해. 그게 배려란다."

서연은 순간 아빠의 얼굴이 떠올랐다. 과연 우리 사회에 어른이 얼마나 있을까. 나이가 많다고 다 어른은 아니다. 적어도 이 가게에 어른은 없다. 오히려 같이 일하는 민주가 더 어른스러워 보였다.

***

"그런데, 아빠. 상대방이 영 아니다 싶으면 어떻게 해야 해? 얘기해? 참아? 참는 게 상대방을 배려하는 거야?"

삼촌은 정의를 위해 싸워야 한다고 얘기했고, 아빠는 그래도 참아야 한다고 얘기했다. 두 사람 다 순수했지만, 순수를 지향하는 방법은 달랐다.

> *아빠는 흐르는 물이 돼라, 했고*
> *삼촌은 튀어나오는 송곳이 돼라, 했다.*

서연은 아빠를 사랑했다. 하지만 혼란스러웠다. 사회에서의 아빠와 가정에서의 아빠가 달랐기 때문이다. 아빠는 대학 근처 원룸에 서연을 데려다 주면서 신신당부했다.

"데모는 하지 마라. 네가 열심히 공부해서 정의를 실현하면 돼. 한두 명 피켓 들고 고함쳐 봤자 세상은 바뀌지 않아. 불만이 있으면 네가 출세해서 세상을 바꿔라. 징징거리는 건 애들이나 하는 행동이야. 알겠지?"

아빠의 생각에 동의할 수 없었다. 아빠는, 민주주의는 피를 먹고 자라는 나무라고 얘기해 왔다. 세상은 소수의 희생으로 성장해 왔으므로, 그 희생을 기억해야 한다고 말했다. 그런 아빠가 세상의 부조리에 대해서 침묵하라고 했다. 아빠는 다른 가치관을 얘기했다. 아빠답지 않았다.

서연은 아무 말도 하지 않았다. 젊은 시절에 학생운동에 투신했던 정의로운 아빠가 그걸 모를 리가 없었다. 서로 배려해야 한다면서, 짜장면 한 그릇조차 깨끗하게 닦아서 문 앞에 곱게 내어 놓는 착한 아빠가 정말로 그렇게 생각할 리 없었다.

알고 있다. 아빠는 그저 소수의 희생 속에 자기의 딸이 포함되지 않기를 바랐다는 것을. 그걸 지식인의 이중성이라고 비난하고 싶지 않다. 아빠는, 서연에게 그런 존재였다.

*　*　*

아빠의 역사와 철학은 나의 것이 아니다. 언제까지 아빠의 품 안에서 응석을 부리며, 아빠의 말을 곧이곧대로 따를 수는 없는 일이었다. 아빠는 서연의 삶에서 사라졌다. 이제 아빠의 공간에서 독립해야 할 시간이 된 것 같았다. 서연은 아빠를 거역하고, 삼촌을 따르기로 했다. 그게 더 옳은 일 같았다.

"안 된다고 말씀하시면 안 되는 걸로 알고 있습니다."

순간, 점장의 얼굴이 일그러졌다. 조금 전까지만 하더라도 짜증이 묻어 나오긴 했지만 차분한 표정이었다. 하지만 지금 점장의 얼굴에 비친 감정은 단순한 짜증이 아니었다. 분노였다.

갑은 을의 용기에 분노하는 존재였다.
분노의 이유는 구차했다.

"서연 씨, 사람 그렇게 안 봤는데. 지금 나랑 싸우자는 거야?"

"예? 아닙니다. 그럴 리가요. 저는 연차휴가에 대한 제 권리를 말씀드리고 있는 겁니다."

"서연 씨, 자꾸 권리, 권리 하는데 그렇게 사회생활 하는 거 아냐. 어른한테 무슨 말버릇이야?"

"제가 뭐라고 했는데요? 그냥 법에 나와 있는 대로 연차휴가를 신청한 겁니다. 점장님이 법을 잘 모르시는 것 같아서요."

서연도 분한 마음에 그의 자존심을 건드렸다.

'자기는 맨날 알바들 자존심 건드리면서, 이 정도도 못 견뎌? 누군 자존심이 없어서 당신 조롱을 견뎌낸 줄 알아? 왜 직원만 예의를 갖춰야 하지? 사장은 예의가 없어도 되는 거야?'

"음. 법대로 해 보자 이거지? 자기 무덤을 파고 있군 그래."

점장은 또 중얼거렸다. 법대로 하자는 게 왜 무덤을 파는 일이 되어야 하는 것인지. 우리 사회가 법치사회가 맞는 것인지……

"서연 씨, 휴가라는 게 뭔지 알아?"

"예?"

"휴가라는 게 말이지, 근로자가 가고 싶다고 해서 갈 수 있는 게 아니야. 사용자가 허가를 한 그날, 가야 하는 거지. 알아?"

"연차휴가는요……노동자가 원하는 시기에 줘야 합니다. 사용자가 그 시기를 맘대로 정할 수 없는 걸로 알고 있습니다. 우리 법에 그렇게 돼 있습니다.[4]"

서연은 또박또박 지난번 연차휴가에서 배운 지식을 점장에게 전달했다.

"서연 씨, 공부를 하려면 똑바로 해. 누가 그 정도도 모르고 있는 줄 알아?"

"네?"

"사용자가 시기를 변경할 수 있다는 조항, 못 읽어 봤어?"

"아뇨. 읽어 봤습니다."

근로기준법에서는 '근로자가 청구한 시기에 휴가를 주는 것이 사업 운영에 막대한 지장이 있는 경우에는 그 시기를 변경할 수 있다'고 규정되어 있었고, 서연도 이 조항을 알고 있었다.[5]

"그럼, 내 대답을 알겠네. 딴 날 가. 화요일은 안 되니까."

"왜 안 됩니까?"

"서연 씨, 이런 내 권리를 사용자의 시기변경권이라고 해. 연차휴가날짜를 변경할 수 있는 사용자의 권리! 하도 권리, 권리 하니까 나도 앞으로 법대로 해 줄게."

"그런데 점장님. 사업 운영에 막대한 지장이 있는 경우에만 날짜를 변경할 수 있습니다. 제가 다음 주 화요일에 연차휴가를 간다고 해서 사업 운영에 막대한 지장이 있습니까?"

"그래! 네가 그날 가면, 저녁시간에 서빙할 알바생이 한 명 모자라는 거니까 사업 운영에 지장이 있는 거지."

"아뇨. 그냥 지장이 있는 게 아니고요…… 막대한 지장이 있냐고요! 이런 대규모 외식업체에서 하루에 5시간 일하는 알바 노동자 한 명이 빠졌다고 해서 사업 운영에 막대한 지장이 있다는 게 말이 됩니까? 무단결근한 것도 아니고, 법적으로 미리 연차휴가를 신청한 건데도 말이죠. 전 점장님 말씀처럼 법대로 연차휴가를 신청한 겁니다. 점장님은 거부하거나 날짜를 변경할 권리 없습니다. 다음 주 화요일, 안 나옵니다. 결근이 아니라 연차휴가로요!"

서연의 분노는 논리적이었다. 마음속에 꾹꾹 눌러 담아 두었던 정의감을 그대로 토해 냈다. 하지만 논리가 권력을 앞설 수 있을지, 서연은 두려웠다. 얼굴에 그 두려움이 드러나지 않았을 뿐이다.

연차휴가는 근로자가 신청한 시기에 가게 해야 한다. 그 시기에 연
차휴가를 갔을 때 사업에 막대한 지장이 있다면, 그 경우에 한하
여 사용자는 그 시기를 변경할 권리가 있을 뿐, 그걸 거부할 권리
가 없다. 연차휴가는 노동자에게 부여된 중요한 법적 권리다.

서연은 깔끔하게 연차휴가를 정리했고 점장은 침묵했다. 자신의 억지
가 무너지는 것을, 점장은 느꼈다. 자신의 억지로 이겨낼 수 있는 존재가
아니었다.

'요즘 애들은 책임감이 없어. 지가 가면 다른 알바생이 두 배로 뛰어야
하는데, 그건 생각도 안 하고. 참나.'

점장은 자기 합리화를 시도했다. 자신의 억지를 인정하기보다 상대방
을 무책임하다 생각하기로 했다. 억지는 사회생활로 둔갑하고, 억지를
인정하지 않는 근로자는 사회생활에 적응하지 못하는 무책임한 인간이
되었다. 한참을 가만히 있다가 머리를 긁적긁적하더니, 그는 서연의 눈을
똑바로 쳐다보며 말했다.

"갔다 와. 하지만 그다음 일은 내 책임 아니다. 네가 자초한 거야. 사회
생활, 그렇게 하지 마."

서연은 6개월간 쉬지 않고 일했다. 최선을 다했다. 연차휴가를 신청한

적도 없었다. 지각을 한 적도, 자기 의사로 조퇴를 한 적도 없었다. 하지만 그 6개월간 연차휴가 하루, 아니 고작 5시간. 그 5시간을 신청했다는 이유로 서연은 무책임한 알바생이 되어 버렸다. 사회생활에 적응하지 못하는 까탈스러운 여자로 낙인찍혀 버렸다.

우리의 노동현장은 비이성적이다. 심지어 잔인하기까지 하다. 서연은 앞으로의 알바 생활이 그리 만만치 않을 거란 걸 직감했다.

하지만 어쩔 수 없다. 이미 그녀는 송곳이 되어 있었다. 낭중지추(囊中之錐)였다.

주머니 속의 송곳은 숨길 수 없는 법이다.

네?
다른 곳으로 가라고요?

　화요일은 가게에 나가지 않았다. 그날만큼은 일하기 싫었다. 가만히 서 있기만 해도 눈물이 나는 날이었다.

***

　대학 2학년, 중간시험을 앞두고 있던 때였다. 도서관은 출근길 지하철 처럼 학생들로 가득 차 있었다. 사람은 가득했지만 적막했다. 그리고 적 막을 깨는 휴대폰 벨소리가 울렸다. 서연의 것이었다. 아차. 진동으로 바꿔 놓는 걸 깜박했다.

　"죄송합니다."

　서연은 황급히 뛰어나가며 수신자가 누구인지 모호한 사과의 말을 나지막하게 공기 속으로 날려 보냈다. 엄마였다.

'웬일이지? 엄마가 이 시간에 전화를 다 하고.'

"어, 엄마. 왜?"

분명히 엄마의 번호였는데 아무 소리도 없었다. 감기에 걸렸는지 코를 훌쩍거리는 소리가 낮게 들려왔다. 그 찰나의 순간에 서연의 머릿속엔 상상할 수 있는 모든 불길한 일들이 바람처럼 스쳐 지나갔다.

그날 아빠가 죽었다. 그날 이후 서연의 삶은 달라졌다. 사실 그녀는 아빠가 어떤 일을 하는지 잘 몰랐다. 이름만 대면 누구나 알 만한 회사에서 연구직으로 일하고 있다는 것 외에 아빠의 일에 대해서 아는 바가 없었다.

아빠가 삶의 공간에서 사라진 이후에야
아빠의 삶을 알게 되었다.

아빠는 노동자협의회의 간부였다. 노조를 만들기 위한 준비단계 같은 거라고 삼촌이 설명해 주었다.

"그 회사, 노조 탄압으로 악명이 높은 회사야. 하청업체도 엄청 무시하고…… 사람들은 좋은 회사로 알고 있지만 과로사로 죽은 직원들도 꽤 있어. 직원들 쥐어짜서 성과를 내는 회사지. 네 아빠 성격에 두고 볼 수 없었을 거야."

　아빠는 같은 팀 동료가 과로사로 사망했다고 증언했다. 하긴, 아빠도
그랬다. 밤샘 근무는 기본이었다. 퇴근한 후에도 누군가가 수시로 전화
를 해 댔다. "까톡, 까톡." 끊임없이 울리는 메신저 알람 소리는 평온한
가족의 주말 아침을 방해했다. 회사 메신저는 우리 가족 최대의 적이었
다. 회사는 은밀하게, 한 가족의 거실과 침실마저 점령해 나갔다.

　회사는 아빠를 회유했지만, 아빠는 거부했다. 아빠는 원래 그런 사람이
었다. 법정은 유가족의 손을 들어주었고 그들은 아빠의 용기로 유족 급여
를 받게 되었다. 그렇게 회사의 블랙리스트에는 아빠의 이름이 올라갔다.
　회사는 먹잇감을 놓지 않는 하이에나처럼 집요하게 희망퇴직을 종용
했지만 아빠는 거부했다. 그러자 연구직이 너무 많다는 이유로 아빠를
영업직으로 발령 냈다. 연구직으로서의 아빠는 우수 직원이었지만 영업
직으로서의 아빠는 퇴출 대상이었다.

　"회사가 무슨 구호단체야? 실력이 없으면 알아서 그만두든지. 실력도
없는데 눈치도 없어요. 쯧쯧, 그러니까 저 나이에 저 꼴이지."

　회사는 노골적으로 악담을 퍼부었다. 꿈보다는 밥이라고, 회사의 거대
권력에 맞서 싸울 만한 리더십은 더 이상 보이지 않았다. 아빠가 마지막
이었다.

노동자협의회의 숫자는 눈에 띄게 줄어들었고 동지라 여겼던 사람들은 아빠를 멀리하기 시작했다. 그리고 회사의 바람대로 아빠는 영업성과를 내지 못했다.

그다음 단계는 뻔했다.
대기발령 그리고 해고.

노조를 만들려 했던 회사의 몇몇 사람들이 그 단계를 거쳤다. 단지 아빠는 해고에 이르기 전에, 죽었다는 게, 달랐다. 아빠는 사라지고 아빠의 흔적만 서연에게 남았다.

뉴스에서는 아빠의 회사가 사상 최대의 영업 실적을 올렸다며 용비어천가를 늘어놓고 있었다. 야근에 지쳐 쓰러지고 죽어간 노동자들의 삶은 어느 언론에서도 보도하지 않았고, 소수의 희생은 아무도 기억하지 않았다. 인간의 얼굴을 잃어버린 자본주의를 그들은 찬양하고 있었다. 돈이 유일무이한 목적이었고, 인간은 수단이었다.

한동안 눈물이 서연의 삶을 채웠다. 아빠는 소수의 삶을 택했지만 딸이 소수가 되는 건 원치 않았다. 그런 아빠를 떠올릴 때마다 미안했다. 아빠의 삶을 몰랐던 자신이 원망스러웠다.

한편으론 궁금했다. 어떻게 연구직을 영업직으로 발령 낼 수 있는 걸까? 그게 법적으로 가능한 걸까? **전직명령**[6]이 아빠를 죽음으로 내몰았기에 서연은 그 법적 진실이 궁금했다.

근로기준법 제23조[7]에서는 회사가 전직, 즉 직원들의 근무지를 바꾸거나 직무 종류를 바꾸기 위해서는 정당한 이유가 있어야 한다고 규정되어 있었다.

"문제는 법에서 얘기하고 있는 정당한 이유가 교묘하게 조작되고 있다는 거야. 그리고 법원에서도 웬만해서는 회사의 인사권을 존중해 준다는 거지. 전직에 대한 명령권이 회사의 날카로운 무기로 변질된 지는 이미 오래됐어."

삼촌은 법원 판결에 비판적이었다. 근로계약서에 근무 장소와 직무 종류가 적혀 있다면 함부로 그 내용을 바꿀 수 없지만 보통 근로계약서에는 그런 내용이 없다고 했다.

"그럼 근로계약서에 그런 내용이 없을 때는 어떻게 되는 거야? 분명 법에는 정당한 이유가 있어야 전직을 할 수 있다고 돼 있잖아."

"그래. 그건 그렇지. 그런데 법원에서는 전직에 대해서 회사에게 포괄적인 권한이 있다고 봐. 업무상 필요하다고 판단해서 전직명령을 내리면, 웬만하면 그 명령을 인정해 주고 있어."

"그럼 회사가 필요하면 서울에서 부산으로 발령 낼 수도 있는 거야? 그럼 법이 무슨 필요가 있어? 정당한 이유가 있어야 한다며?"

"그래. 네 말도 맞아. 전직이 근로자에게 상당한 불이익을 줄 수 있겠지? 법원에서도 전직 때문에 받게 되는 직원들의 생활상 불이익이 매우 클 때는 전직명령이 정당하지 않다고 얘기하고 있어. 즉 회사의 업무상 필요성과 노동자의 생활상 불이익을 따져 봐서, 노동자의 생활상 불이익이 매우 크면 전직명령이 잘못된 거라고 판단하고 있기도 해."

"응, 그런데?"

"문제는…… 생활상의 불이익이 매우매우 커야 한다는 거지. 서울에서 부산 가는 정도는, 직장인이라면 통상 감수해야 하는 불이익에 불과하다는 **판례**[8]도 있어. 전직에 대해서는 회사에 더 큰, 아니 훨씬 더 큰 재량권을 인정하고 있어. 그 결과, 전직이 교묘하게 악용되고 있는 거고."

"보통 어떤 식으로 악용되는 거야?"

"음…… 예를 들어 회사가 싫어하는 직원이 있어. 그럼 업무상 필요하다고 하면서, 그 사람하고 맞지 않는 부서로 발령을 내는 거야. 자연스럽게 퇴직을 유도하는 거지. 노조활동을 열심히 하는 사람에 대해선 직원도 별로 없는 지역에 보내 버려. 거기서 찌그러져 있으라는 거지. 자연스럽게 조합활동이 약해지기를 바라는 거야. 희망퇴직을 권고했는데 따르지 않는 직원도 마찬가지야. 전직을 이용해서 스스로 걸어 나가게 만들 때가 많아. 연구를 하는 직원에게 영업을 하라는 게 뭘 의미하겠니? 물론 진짜 업무상 필요해서 전직을 명할 때도 있지만 남용하는 사례도 많아."

"업무상 필요해서 그런 거다? 그것만 인정되면 불이익이 있더라도 근로자가 대응하기 쉽지 않겠네?"

"응. 솔직히 말하자면 그래. 업무상 필요성이 없다거나 생활상의 불이익이 매우 크다는 걸 보여 줘야 하는데, 그게 쉽지가 않아."

"그런데 전직이 그렇게 아파? 힘들어?"

"부당한 전직은 인간의 자존심을 땅속 가장 깊은 곳까지 끌어내린단
다. 그까짓 것도 못 견디냐 비아냥거리는 사람들도 있지만, 당해 보지 않
고서는 그 모욕감의 깊이를 짐작조차 할 수 없을 거야."

아빠는 부당한 전직명령을 받았다. 노조를 탄압할 목적으로 혹은 특
정 노동자의 퇴직을 유도할 목적으로 전직명령을 내리면 그건 불법이다.
하지만 거대한 권력에 맞서 싸우기란 그리 쉬운 일이 아니다.

삼촌도 그런 경험이 있다고 했다. 간부한테 한 번 대들었다가 전공, 경
력과는 아무 상관도 없는 직무에 배치돼 평가가 엉망으로 나온 적이 있
다 했다. 싸우다가 지쳤고, 그러다 포기했다고 한다. 누가 끝까지 싸우지
못한 삼촌에게 돌을 던질 수 있으랴. 의지가 강한 삼촌은 끝내 제 발로
나왔지만 아빠는 그 감정의 상처를 이기지 못했다. 아빠는 강해 보였을
뿐, 여린 마음의 소유자였다.

직원 내보내기 10종 세트로 무장한 교묘한 회사의 기술을,
여리고 착한 아빠는 당해낼 수 없었다.

'아빠가 조금만 더 이기적이었다면……'

아빠의 유해가 안치돼 있는 납골당에서 서연은 아빠를 원망했다.

원망은 그리움의 변주곡 같은 것이다.

아빠가 보고 싶었다. 사진 속 아빠는 환히 웃고 있었다.

1. 전직을 명하기 위해서는 정당한 이유가 있어야 한다.
2. 근로계약서에 근무 장소와 직무 종류가 적혀 있는 경우엔 근로자가 동의해야만 전직을 명할 수 있다.
3. 근로계약서에 그런 내용이 적혀 있지 않은 경우, 영업상 필요가 있다면 근로자의 불이익이 현저하게 크지 않은 이상 전직명령을 인정해 준다. 다만, 근로자의 불이익이 매우 크다면 전직명령이 부당하다는 판례도 있다.
4. 그래서 다양한 목적으로 전직 명령권이 악용된다.
5. 그러다가 사람이 쓰러진다.

서연은 삼촌의 말을 노트에 정리해 보았다. 왈칵 눈물이 쏟아졌다. 아빠는 얼마나 힘들었을까? 직장생활 내내 한 번도 해 본 적 없는 일을 하는 게 얼마나 버거웠을까. 자존심이 센 아빠는 얼마나 치욕스러웠을까. 그래도 가족의 얼굴을 떠올리며 참고 또 참았겠지.

하지만 아빠는 결국 더 이상 나아갈 수 없는 인내의 땅 끝에 도달하고 말았다. 그리고는 지쳤다는 듯, 아무도 주위에 없다는 듯, 삶의 절벽으로 두 발을 내디뎠다. 그건 자의였을까, 타의였을까.

용돈 좀 올려 달라고 투덜대던 철없던 시기에 아빠는 삶의 끈을 내려 놓았다. 그렇게 아빠는 퇴출 직전의 영업직원으로 삶의 마침표를 찍었다.

자존심은 인간에게 남은 최후의 감정이 아닐까? 자존심이 먼지가 되어 사라질 때 인격도 함께 쓰러지고 흩어진다. 부당한 전직은 마지막 자존심마저 무너뜨린다. 함부로 휘둘러서는 안 되는 날카로운 칼날이다.

실업급여,
회사 관두면 주는 거 아닌가요?

서연은 두 달을 악착같이 버텼다. 점장은 그녀가 제 발로 알아서 나가 주기를 바랐지만 뜻대로 되지 않았다. 서연은 어차피 자기의 계약이 연장되지는 않을 거라 생각했다. 그렇더라도 계약기간이 끝나기 전에 스스로 걸어 나갈 생각은 없었다.

정의를 이루고자 함이 아니었다.
그건 현실이었다.

점장의 레이저 눈빛은 서연의 심장까지 태워 버릴 것처럼 날마다 그 강도를 높여 갔지만, 국가(고용센터)로부터 실업급여를 지급받기 위해서는 불가피한 선택이었다.

"서연아, 벌써 6개월 근무했잖아. 이제 두 달 남았어. 그깟 두 달 딴 데 가서 알바하면 되지, 이렇게까지 버틸 필요 있냐? 점장 볼 때마다 내 심장이 다 떨린다."

민주가 말했다.

"알바 자리가 하늘에서 뚝하고 떨어지는 것도 아니고, 그만두면 네가
내 생계 책임질래?"

서연은 피식 웃으며 대답했다.

"서연이 너, 나보다 똑똑한 줄 알았더니 완전 허당이구나? 실업급여 있
잖아. 6개월 근무하면 받을 수 있어. 당장은 그걸로 입에 풀칠할 수 있을
거야."

법이 화려한 용어를 사용할수록
법은 소시민들의 삶에서 멀어져 간다.
그리고 화려한 법률 용어는 기득권자의 '권력'이 된다.

민주의 말이 틀린 건 아니었다. 하지만 정확하지 않았다. 어차피 민주
도 나중에 실업급여를 받아야 할 테니, 이참에 민주에게 더 정확하게 알
려주자 싶었다.

"실업급여? 나도 알지. 그런데 내가 충격적인 진실을 하나 말해 줄게.

그거, 6개월 근무했다고 주는 거 아냐."

"응? 그래? 지난번에 가게 그만두면서 받았는데? 6개월 이상 일했다고 말이야."

"민주야. 7개월 이상 근무한 거 아냐? 지난 가게에서?"

"응, 그 정도 일한 거 같아. 그러니까 6개월 이상 근무한 거잖아?"

"사실 우리 법에서는 **이직**[9]하기 전 18개월 중 **피보험단위기간이 180일 이상이 돼야 실업급여를 받을 수 있는 걸로 돼 있어.**[10] 피보험단위기간이란 용어를 쓰고 있지."

"응? 뭐가 그렇게 복잡해? 피보험단위기간? 그게 뭔 말이야?"

"쉽게 얘기하면 임금을 지급받은 날이 180일 이상이 돼야 한다는 거야. 그래야만 실업급여를 주겠다는 거지."

"내가 거기서 6개월 넘게 일했으니까 180일 넘은 거잖아? 그런데 실업급여를 못 받아? 무슨 말이야?"

"용어를 잘 생각해 봐. 피보험 단위기간! 임금을 지급받은 날이야. 일한 전체 기간이 아니라고."

"난 네가 뭔 얘기를 하는지 하나도 못 알아듣겠다."

"차근차근 얘기해 줄게. 우리가 지금 5일을 근무하고 있잖아. 그리고 일요일은 너도 알다시피 주휴수당을 받고 있고. 그런데 토요일은 돈 나오니? 안 나오잖아. 우리 같은 경우라면 한 주에 임금을 지급받은 날이 6일밖에 안 되는 거야. 그게 피보험단위기간인 거고."

"아, 그러면 6개월 일했더라도, 우리는 토요일에 돈이 안 나오니까(무급), 피보험단위기간이 180일이 안 되는 거구나. 그러니까 실업급여도 안 나오는 거고.”

“빨라. 금방 알아듣네. 역시, 알바의 여왕답다.”

“그러니까 지금 서연이 네가 그만두면 피보험단위기간이 180일이 안
되니까, 일을 더 해야 된다는 얘기구나. 이제 뭔 말인지 알겠다. 토요일이
무급이면 적어도 7개월 정도는 일해야 180일이 되겠구나. 그럼 7개월 정
도 근무해서 180일을 채우고 관두면 되겠네.”

민주는 실업급여에 대해 어설프게 알고 있었다. 법의 세계에서 어설픈
지식은 오히려 독이 될 수 있다. 법은 생각보다 냉정하다. 아무리 뜨거운
심장으로 인간미를 호소해 봤자 소용없다.

법은 뜨거운 열정을 가진 인간의 피조물.

하지만 법은 차가운 눈빛만을 보낸다. 법철학자들은 법의 냉정함을
‘법적 안정성’이라 부른다.

스스로 일자리를 박차고 나온 근로자에게는 실업급여를 지급하지 않
는다는 걸 민주는 몰랐다. 설령 피보험단위기간이 180일 이상 된다고 하
더라도 자발적으로 회사를 나온 근로자에겐 실업급여에 대한 권리를 인
정하지 않는다. 어설프게 회사를 나갔다간 법의 그물망에 걸려 허우적
대다가 지쳐 쓰러질지도 모를 일이다. 점장이 레이저 눈빛을 발사해서
견딜 수 없었다고 주장하더라도 소용없다. 법은 오히려 인내심 없는 직
원을 비웃을 거다.

회사가 사직을 권고해서 사직서를 내면 실업급여를 받을 수 있지만 점장은 그럴 생각이 없어 보였다. 그저 알아서 나가 주기를 기다리는 눈치였다. 하릴없이 서연은 계약기간이 끝날 때까지 견뎌야 했다. 계약기간이 끝났는데 재계약을 해 주지 않으면 실업급여를 청구할 수 있기 때문이다.

'그깟 실업급여'라고 쉽게 얘기하는 동료들도 간혹 있긴 하지만 서연에 겐 절실했다.

피보험기간 연령	1년 미만	1년 이상 3년 미만	3년 이상 5년 미만	5년 이상 10년 미만	10년 이상
30세 미만	90일	90일	120일	150일	180일
30세 이상~50세 미만	90일	120일	150일	180일	210일
50세 이상 및 장애인	90일	150일	180일	210일	240일

결코 적은 금액이 아니다. 실업급여는 원래 1일 평균임금의 60%를 받을 수 있지만 그 금액이 최저임금에 미치지 못하는 경우에는 최저임금의 90%에 해당하는 금액을 받을 수 있다.

즉, 서연은 90일간 최저임금의 90%에 해당하는 금액을 받을 수 있었다. 이 금액이 실업급여액의 **하한선**[11]이 된다. 실업급여의 **상한액**[12]은 해마다 최저임금의 변화에 따라 조정하고 있다.

고용보험 홈페이지(www.ei.go.kr)에서 서연은 실업급여를 계산해 보기로 했다. 그런데 계산 방식은 1일 8시간 일하는 노동자를 기준으로 만들어져 있었다.

'쳇. 알바 노동자, 단시간 노동자들은 노동자도 아니란 얘기인가?' 서연
은 투덜거렸다.

일단은 지시하는 대로 숫자를 집어넣었다. 버튼을 클릭하자 예상되는
실업급여일수와 액수가 화면에 나타났다.

1일 예상수급액수가 54,216원(8시간×최저임금×0.9), 예상지급일수는
90일, 총 예상수급액은 4,879,440원(90일×54,216원)이었다. 하지만 홈
페이지에 계산돼 나온 것은 1일 8시간 기준으로 산정된 결과였다.

서연은 자신의 근로시간으로 이 결과를 다시 수정해야 했다. 그녀의 1일 소정근로시간은 5시간이므로 예상되는 1일 예상수급액은 33,885원(5시간×최저임금×0.9), 예상지급일수는 90일, **총 예상수급액은 3,049,650원(90일×33,885원)이었다.**[13] 단시간 노동자의 경우 굳이 인터넷에서 모의계산을 해야 할 필요성은 없을 듯했다. 오히려 헷갈렸다.

여러 가지 이유를 들어 편법적으로 사회보험 가입을 하지 않는 가게도 많았지만, 서연의 가게에선 그런 건 철저하게 지키고 있었다. 만약 고용보험에 가입돼 있지 않다면 또 점장과 얼굴을 붉히며 싸울 생각이었지만 그럴 일은 없었다. 그나마 다행이었다.

하지만 연차휴가 5시간은 2개월 동안 서연을 감당할 수 없는 무게로 짓눌렀다. 연차휴가를 갔다 온 이후 점장은 그녀를 노골적으로 무시했다. 점장이 서연을 괴롭히자 동료 알바생들도 은근슬쩍 서연을 멀리하기 시작했다.

"서연이, 네가 연차휴가 하루 쓴 것 때문에 점장이 그날 어찌나 욕을 하던지. 근데 민기 있잖아. 걔가 점장 말에 맞장구를 치면서 같이 욕을 하고 있더라고. 비겁한 새끼."

민주만이 서연의 옆에 남아 위로인지, 고발인지 알 수 없는, 가게 돌아가는 사정을 얘기해 주었다. 아빠가 노조를 만들려고 했던 이유를 서연은 어렴풋이 알 것 같았다. 하지만 아빠는 실패했고, 서연은 왕따가 되었다. 법에 나와 있는 권리를 정당하게 행사했다는 이유로 그는 온갖 욕을 해대며 서연을 매도했다. 그리고 마치 피리 부는 사나이를 따라가는 아이들처럼 동료들은 비난의 대열에 동참했다. 5시간의 연차휴가를 대체할 만한 알바생을 고용하지 않았던 건 분명 점장의 잘못이다.

그들은 위로 향해야 할 분노를 옆으로 돌리고 있었다.
민주는 그걸 비겁함이라 했지만, 서연은 그걸 두려움이라 했다.
자신이 그다음 타깃이 될 수 있으리라는 두려움 말이다.

약자는 뭉쳐야 한다. 그 안에서 지지고 볶고 하더라도 일단은 뭉쳐야 한다. 그게 약자의 유일한 힘이다. 하지만 약자들의 연대는 이다지도 버겁고 힘들다. 조그마한 돌멩이 하나에도 쉬 깨어지고 무너진다. 하지만 서연은 버티고 또 버텼다. 2개월의 시간은 마치 2년의 시간만큼 더디게 흘러갔다.

***

"점장님. 그동안 감사했습니다."

서연은 맘에도 없는 말을 했다. 위선으로 보일 수도 있겠지만 그게 사람 사는 도리라 배웠다.

"응. 서연 씨도 수고했어. 그런데 우리 앞으로는 보지 말자. 사회생활 그 따위로 하지 말고."

역시 어른이 아니었다. 점장은 단순히 나이만 먹은 어른이었다.

그는 무례함과 솔직함을
구분하지 못했다.

한편으론 그 무례함 혹은 솔직함이 부러웠다.

'알겠습니다. 그런데 점장님도 생각 주머니 좀 키워 보시지요. 어른이면 부끄러운 줄 알고 살아야 하지 않을까요?'라고 말하고 싶었지만 참았다. 이런 말은 용기라기보단 무례함에 가까웠으니까. 점장과 똑같은 사람이 되고 싶지는 않았다.

그저 점장에게 이직확인서에 이직 사유를 계약기간 만료로 정확하게 기재해 달라고 요구했다. 정확하게 기재하지 않으면 나중에 과태료가 나올 수 있다는 것도 친절하게 알려 주었다. 실업급여를 받기 위해서 꼭 필요한 서류였다.

***

당분간은 백수 신세다.

서연은 일단 워크넷(www.work.go.kr)에 로그인해서 구직 등록을 했다. 그다음에 무표정한 얼굴로 딸깍, 고용보험 홈페이지에 들어가 로그인 버튼을 클릭했다. 40분 정도 들어야 하는 실업급여 수급자 온라인 교육은 실업급여를 신청하기 위해 거쳐야 하는 첫 번째 관문 같은 것이었다.

온라인 교육수강을 끝내고 이틀은 여행을 다녀왔다. 전쟁과도 같은 노동 현장에서 맛보는 짧은 휴전기간, 같은 거라고나 할까. 여행을 다녀오자마자 집 근처 **고용센터**[14]를 방문해서 실업급여 수급자격인정 신청을 했다. 온라인 교육을 받고 나서 14일 이내 신청하지 않으면 교육을 받은 게 무효가 되었다.

예상했던 대로 수급 자격은 인정되었다. 구직활동을 했다는 걸 1~4주 단위로 보여줘서 실업인정을 받아야 실업급여를 지급하기 때문에 실업급여를 받으면서 다음 일자리를 알아봐야 했다. 눈 먼 돈이라고 생각해 구직활동도 하지 않고 돈을 받아 가는 사람도 있다 들었지만, 그건 현행 법상 부정수급이었다. 다양한 편법이 난무하고 있다지만 서연은 마음에 걸리는 행동을 하고 싶지 않았다.

그래도 서연은 온라인 실업인정을 신청해서 2, 3차 실업인정은 고용센터에 출석하지 않고 인터넷으로 구직활동을 했다는 걸 보여줄 수 있었다.

그나마 이런 제도가 있어서 다행이라 생각했다. 하지만 실업급여제도의 혜택을 받고 있다는 건 노동시장에서의 상태가 불안정하다는 걸 의미하는 것이기도 했다. 서연은 마음이 불편했다.

'언제까지 이렇게 쳇바퀴 굴러가는 삶을 반복해야 하는 걸까? 엄마한 텐 또 뭐라고 얘기해야 하지?'

서연의 머릿속엔 이런저런 생각이 맴돌았다. 집에 돌아온 서연은 동료 알바생이나 직장인들을 위해 실업급여에 관한 내용을 한 번 정리해 보았다.

'아, **자기가 그만두더라도 실업급여를 받을 수 있는 경우**[15]도 있구나!'

힘든 하루였다. 정리를 마치자 주체할 수 없는 졸음이 밀려왔다. 꿈인지 삶인지 알 수 없는 시간이었다. 서연은 잠꼬대처럼 말했다.

내일은 또 내일의 해가 뜨겠지.

빨리 퇴근하세요,
돈은 당연히 없습니다!

다시는 점장의 이름을 들을 일이 없을 것 같았다. 하지만 인연의 끈은 쉽게 끊어지지 않았다. 실업급여를 받으며 일자리를 구하러 다니던 어느 날 민주에게서 연락이 왔다.

"서연아, 너 인터넷 봤어? 우리 회사가 실검 1위야. 와, 대박."

"응? 그게 무슨 말이야?"

"인터넷 들어가 봐. 우리 일 없을 때 점장이 자주 조퇴시켰던 것 기억 나니?"

"응, 그랬지."

"민기가 터트렸어."

"응?"

"최근에 민기가 알바 관뒀거든. 근데 퇴직하면서 점장한테 그거 잘못된 거 아니냐며 휴업수당인가 뭔가를 달라고 했대."

"민기가? 점장한테는 끽소리도 못하는 민기가?"

서연은 재차 민기가 그런 요구를 한 게 맞는지 확인했다.

"그렇다니까. 나, 완전 깜놀. 점장도 놀랐겠지. 그래도 점장이 줄 사람이냐? 근데 민기도 보통이 아니더라고. 노동부에 가서 터뜨렸어. 아는 기자 형님도 있었나 봐. 기자한테도 다 터트리고…… 인터넷에 그것 때문에 난리 났어. 인터넷도 좀 보고 그래라."

"어, 어, 그래. 알았어. 민주야. 나 지금 좀 바빠서 나중에 다시 연락하자. 고마워."

***

월요일부터 금요일까지 서연은 저녁 5시부터 10시까지 일했다. 5시부터 9시까지는 눈코 뜰 새 없이 바빴다. 음식 나르고, 정리하고, 손님들 불평 들어주고, 청소하고. 뭔가 심상치 않은 느낌이 있는 날에는 예기치 않은 돌발 상황도 벌어지곤 했다. 인생이 다 그런 모양이다. 예측하지 못한 사건의 연속들……

그나마 9시가 지나면 여유가 생겼다. 눈에 띄게 손님의 수가 줄어들었고 9시 반 이후에는 아예 테이블이 비어있는 날도 있었다.

"서연 씨, 잠깐 나 좀 볼까?"

"예. 점장님."

"오늘 손님도 별로 없고 하니까, 오늘은 그만 들어가 봐."

빨리 퇴근하세요, 돈은 당연히 없습니다!

"네? 그래도 10시까지가 근무시간인데……"

"괜찮아. 손님도 없는데, 뭐. 그냥 들어가."

"아. 예…… 그래도 되는 건지……"

서연은 처음에는 그게 호의인 줄 알았다. 꽤 쿨한 점장이라고 생각했다. 조그마한 가게의 어려움이야 모르는 바 아니지만, 조그마한 회사도 아닌 누구나 알 만한 굴지의 외식업체에서 그런 꼼수를 쓸 거라고는 상상조차 못했다.

월급이 나왔다. 뭔가 이상했다. 시급에 근로시간을 곱한 금액이 아니었다. 점장을 찾았다.

"저기요, 점장님. 월급이 좀 잘못 들어온 게 아닌가 싶어서요."

"응? 그럴 리가? 뭐가 문제지?"

"원래 근로시간만큼 돈이 안 들어온 것 같아요. 매일 5시간씩 일했는데 아무리 계산해도 금액이 안 맞아서요."

"서연 씨 뭔가 오해한 모양인데? 자기, 이번 달에 네 번 조퇴했잖아. 기억 안 나? 30분 빨리 퇴근했잖아. 조퇴한 것까지 임금을 줄 수는 없어. 안 그래?"

"아, 그건 점장님이 빨리 퇴근하라고 하셔서……"

"그래, 그래. 그래서 빨리 갔잖아. 손님도 없는데 빈둥빈둥 있으면서 월급 받아가는 것도 좀 그렇지 않나? 그게 조퇴라는 거야."

법을 모르면 궤변도 논리가 된다.

서연은 점장의 논리가 좀 이상했지만 빨리 퇴근한 것도 사실이므로 이후에는 문제를 삼지 않았다. 그걸 조퇴라 지레 믿어 버렸다.

***

서연은 스마트폰을 꺼냈다. 민주의 말대로 서연의 가게가 실검 1위에 올라와 있었다.

"우리나라 대표 외식업체, 알바생 임금 떼먹어!"라는 제목부터 "사라진 근로자의 임금", "억지 조퇴로 임금 착취"라는 제목까지 다양한 표현으로 기사가 올라와 있었다.

한 신문기사를 클릭했다.

"노동부 근로감독 결과 유명 외식사업업체가 노동자 1,000여 명에 대해 약 1억 6천만 원에 해당하는 임금을 체불한 것이 드러났다. 노동부는 조사 결과 이 업체가 연차수당, 약정한 시간보다 일찍 퇴근시키는 경우에 주게 되어 있는 휴업수당, 15분 단위로 임금을 지급하는 소위 꺾기로

빨리 퇴근하세요, 돈은 당연히 없습니다!

인한 임금 등을 지급하지 않았다고 밝혔다."

다른 매장도 꽤 문제가 많았구나 생각했다. 그리고 기사의 한 단락이 또렷하게 눈에 들어왔다.

"약정한 시간보다 일찍 퇴근시키는 경우 주게 되어 있는 휴업수당……"

서연은 그제야 자신의 퇴근이 조퇴가 아니라는 걸 알았다.

'어쩐지. 뭔가 이상했어. 조퇴는 자기 사정으로 빨리 가는 거잖아. 내가 빨리 간 거는 점장이 가라고 해서 간 거고. 그걸 휴업이라고 하는 모양이구나.'

삼촌이 훈련을 시켜서 그런지 서연은 기사를 보자마자 반사적으로 근로기준법을 검색하기 시작했다.

'휴업, 휴업, 휴업…… 어디에 있을까? 아, 찾았다. 여기 있구나.'

휴업은 휴업수당이라는 이름으로 **근로기준법 제46조**에 규정돼 있었다.

근로기준법 제46조 휴업수당

① 사용자의 귀책사유로 휴업하는 경우에 사용자는 휴업기간 동안 그 근로자에게 평균임금의 100분의 70 이상의 수당을 지급하여야 한다. 다만, 평균임금의 100분의 70에 해당하는 금액이 통상임금을 초과하는 경우에는 통상임금을 휴업수당으로 지급할 수 있다.

② 제1항에도 불구하고 부득이한 사유로 사업을 계속하는 것이 불가능하여 노동위원회의 승인을 받은 경우에는 제1항의 기준에 못 미치는 휴업수당을 지급할 수 있다.

자기가 빨리 퇴근한 게 아니고, 사용자가 빨리 퇴근시킨 걸 법에서는 '사용자의 귀책사유로 휴업하는 경우'라고 표현하고 있는 듯했다.

'근로자는 일할 준비가 되어 있는데, 회사에 어떤 문제가 생겨서 일을 시키지 않는 것이 휴업이구나. 그리고 보니 예전에 아빠도 회사의 경영 상황이 좋지 않아서 몇 시간 빨리 퇴근하곤 했었는데.'

판매가 부진해서 일을 시키지 않는 것, 자금난 때문에 일을 시키지 않는 것들은 노동자의 잘못이 아니다. 법에서는 이러한 사정을 휴업이라 표현하고 있었다. 하지만 그렇다고 하더라도 일을 한 건 아니다. 서연은 당연히 임금이 나오지 않을 거라 생각했다.

그런데 노동법은 다른 생각을 하고 있었다. 노동자의 보호법. 노동법을 이해하기 위해서는 사고의 틀을 바꿔야만 했다.

사용자가 일을 시키지 않은 책임을 근로자에게 돌릴 수는 없는 일이다. 이 경우에는 근로자의 생계를 보장하기 위하여 평균임금의 70%를 지급 해야 한다. 그게 노동법의 철학이었다. 하지만 일방적으로 노동자만을 편 애하는 법은 아니다. 회사는 사업을 계속하는 것이 불가능해서 노동위원 회의 승인을 받은 경우에는 70%에 미치지 못하는 휴업수당을 지급할 수 있다. 꼼수를 쓴 경우가 아니라면 회사에게도 피할 길을 열어 주고 있었다.

***

갑자기 문자가 왔다는 알림이 울렸다. 점장의 전화번호였다.

박서연 님께.

귀하의 노고에 감사드립니다. 저희 업체가 근로기준법을 숙지 하지 못하여 일부 임금을 지급하지 못한 점, 널리 양해해 주시기 바랍니다.

현재 임금을 지급받지 못한 근로자들에게 밀린 임금을 지급하 고 있습니다. 저희 한국점에서도 이에 따라 박서연 님이 근무하 는 기간 중 지급하지 못한 휴업수당 80,000원을 오늘자로 귀하의 급여통장으로 입금해 드렸습니다.

다시 한번 이해를 구합니다. 혹 문의사항 있으면 언제든지 연 락 주시기 바랍니다.

점장 박영구 드림

잊고 있었다. 점장의 이름. 이런 사건으로 다시 그 이름을 보게 될 줄 몰랐다. 점장은 서연의 이름조차 제대로 기억하지 못하겠지만 서연은 그 짧은 시간을 도려내고 싶었다.

마지막 두 달은 가게로 나서기 위해 신발을 신을 때부터 괴로웠다. 두렵지는 않았지만, 싫었다.

성경의 한 구절이 떠올랐다.

"너희를 위협하는 사람들을 두려워하지 말아라. 감추어진 일이 드러나지 않을 것이 없고 숨겨진 일이 알려지지 않을 것이 없다. (누가복음 8장 17절)"

'결국 드러났구나. 예언의 성취인 건가.' 서연은 마치 점장처럼 중얼거렸다. 옛날에 한 영국의 기자가 그랬단다.

"한국에서 민주주의가 꽃피기를 기대하는 것은 쓰레기 더미에서 장미꽃이 피기를 기대하는 것과 같다."

하지만 서울, 부산, 광주, 대전, 대구, 마산, 창원의 노동자들. 현실 속에서 학문을 추구한 정의로운 대학생들. 그리고 이름 없는 들풀과 같은 수많은 사람들의 희생 위에 민주주의가 쓰였다. 그렇지만 일터에서의 민주주의는 여전히 요원해 보였다. 서연은 그 영국 기자의 조롱을 반박할 수 없었다.

빨리 퇴근하세요, 돈은 당연히 없습니다!

노동현장에서 경험한 것은 정의와 인권이 아니었다.
오직 생존이었고, 오직 돈이었고, 오직 권력이었다.
낡은 무협지의 한 장면처럼 지저분한 차별의 칼부림이 난무했고,
성희롱하는 눈빛과 말투는 거침없이 온 공간에 퍼져 갔다.

적자생존의 신자유주의의 질서 속에서, 이 치열한 전쟁터에서, 과연 인권의 꽃이 필 수 있을까. 서연은 회의적이었다. 노동인권의 토양이 척박한 우리나라에서, 희망은 누군가의 용기로부터, 누군가의 희생으로부터 찾을 수밖에 없었다.

'민기에게 빚을 졌네. 8만 원.'

한때는 민기의 비겁함에 실망한 적도 있었다. 하지만 결국 민기의 용기가 없었다면, 이 8만 원은 공중에 흩어져서 사라질 돈이었다. 통장에 선명하게 찍힌 ₩80,000의 가치는 그런 것이었다.

소수의 용기와 희생 위에 세워진 인권의 값이었다.

민기는 그 대기업체에 정규직으로 취업하기를 원했다. 민기의 스펙은 나쁘지 않았고, 점장도 민기를 추천해 줄 생각이었다고 한다. 하지만 이제 그 회사가 민기를 채용할 일은 없을 것이다.

서연은 민기에게 메시지를 보냈다. 두 달 만의 연락이었다.

"네가 가고 싶어 했던 대기업을 상대로 문제를 제기하다니. 대단하다, 너. 민주가 고맙다고 전해 달래. 나 역시. Me too."

빨리 퇴근하세요, 돈은 당연히 없습니다!

임금 꺾기를
아시나요?

대기업이나 공공기관의 정규직 노동자들이야 노조를 통해서 꺾인 권리에 대해 저항이라도 해 보지만, 서연과 같은 알바 노동자들은 권리가 꺾인 줄도 모른다. 알았다 한들 무슨 뾰족한 방법이 있는 것도 아니다.

약자의 권리는 쉽게 꺾인다.

대판 싸우고 그만두거나, 노동부에 진정 혹은 고소를 하고 계약이 해지되거나, 알면서도 참고 스스로를 위로하거나, 구석 자리에서 동료들과 꺾인 권리에 대해 한탄하거나. 그럴 바에야 차라리 권리를 모르는 게 더 낫지 않을까, 서연은 생각했다.

***

점장이 서연을 대놓고 멸시하기 시작한 건 서연이 연차휴가를 다녀온 이후였다. 연차휴가 때문만은 아니었다. 초과근로수당을 둘러싼 서연의 주장이 점장의 부아를 돋우었다.

매장의 독특한 제도 중 하나가 15분 단위 초과근로수당 지급이었다. 본사에서 만든 제도로 각 지점에 근무하는 모든 근로자에게 적용되는 제도였다.

서연에게는 노동법 노트가 있었다. 알바를 하면서 궁금한 것들 혹은 삼촌에게 배운 것들을 정리해 둔 노트였다. 노트에 필기된 내용을 뒤적뒤적하다 보니 연장근로와 초과근로에 대한 내용이 적혀 있었다. 언제 적었는지 기억도 없었다.

1. 계약서에 나와 있는 근로시간을 소정근로시간이라고 한다.
2. 이러한 소정근로시간이 그 회사 내에서 동일한 종류의 일을 하고 있는 정규(통상) 근로자보다 짧은 근로자를 법적으로는 단시간 근로자라 한다.
3. 정규 근로자의 경우 법정근로시간(1일 8시간, 1주 40시간)을 초과하는 경우에 통상임금의 1.5배를 지급해야 한다.
4. 단시간 근로자의 경우 소정근로시간만 초과하더라도 통상임금의 1.5배를 지급해야 한다.
5. 단, 1.5배를 지급해야 하는 사업장은 상시 근로자수가 5인 이상인 사업장에 한한다.

임금 꺾기를 아시나요?

서연은 자신의 시간이 공중에 흩어지고 있다는 생각이 들었다. 외식업체의 특성상 근무시간이 끝났다 하더라도 최소 10분가량은 뒷정리를 해야 했다. 계약상의 퇴근시간은 10시였지만 실제 퇴근시간은 10시 10분이었다. 그 10분이 허공에 뿌린 돈처럼 사라지고 있었다. 본사에서 초과근로는 15분부터 인정하고 있기 때문에 가게에선 10분에 대한 초과근로수당을 지급하지 않았다. 어차피 계약 연장도 안 될 텐데 따져볼 건 따져보자, 싶었다.

"점장님. 드릴 말씀이 있습니다."
"아, 서연 씨 뭐지? 드디어 사표 내려고?"

점장은 서연에 대한 적대감을 숨김없이 드러냈다. 언어의 품격이란 찾아볼 수 없었다. 원래 저렇지는 않았었는데…… 서연은 약간, 아주 약간 안타까운 마음이 들었다. 하지만 그런 마음을 품어 봤자 점장의 인품이 바뀔 것 같진 않았다.

인품은 훌륭하지만 본사의 강요와 압박 때문에 어쩔 수 없이 악역을 맡는 점장도 있지만 박 점장은 인품 자체가 의심스러운 인간이었다.

"점장님, 저 같은 알바들은 보통 10시 10분까지 일하지 않습니까? 그런데 그 10분에 대해서는 수당 지급, 안 하는 것 같아서요."
"휴…… 독하다 독해. 하다 하다 이제 10분을 가지고 따지냐?"
"아뇨. 10분이 아닙니다. 저만 하더라도 빨리 퇴근하는 날을 빼면, 거의 매일 10분을 더 근무합니다. 일주일에 보통 40분을 더 근무하고요. 한 달로 따지면 40분 곱하기 4주, 즉 160분입니다. 적은 시간이 아닙니다."

"우리 회사 규정이 그래. 15분 단위로 연장근로수당 지급한다고 돼 있어. 그걸 법적으로 취업규칙이라고 하지. 취업규칙은 내 맘대로 만든 거 아니야! 제발 좀! 적당하게 살자. 응?"

"잘못된 건 고쳐야지요. 어차피 전 나갈 날도 얼마 안 남았고요. 제대로 계산해 주지 않으면 노동부에 진정서 내겠습니다. 제가 독하다 생각하지 마시고 법대로 지급해 주시면 됩니다."

내가 독한 게 아니라 그깟 10분에 대한 수당을 지급하지 않으려는 회사가 독한 거 아닌가? 왜 우리 사회는 을에게는 엄격하게 책임을 물으면서 갑에게는 손쉽게 면죄부를 주는 걸까?

> 서연은 독한 사람 취급받는 게 억울했다.
> 상식과 법을 얘기하는 사람에게 관대하지 못한 사회였다.
> 성희롱을 당했다고 얘기하면 되레 피해자의 옷차림을 문제 삼는 사회.
> 정시 퇴근하는 여성을 땡녀라고 비난하는 사회.
> 연장근로수당 달라고 하는 알바생을 독하다고 욕하는 사회.
> 권리를 주장하는 사람을 사회생활 못한다고 뒷담화 하는 사회.
> 10분의 권리는 아무렇지도 않게 생각하는 사회.

임금 꺾기를 아시나요?

우리 사회의 노동인권 시계는 거꾸로 돌아가고 있었다. 여전히 노동자는 산업화 시대의 역군이었고, 열심히 땀 흘려 일해야 할 위대한 대한민국의 근로자였다.

10분의 권리 따위는 공기 중의 티끌만도 못한 것이었다. 미세한 파시즘의 흔적이 우리 사회 곳곳에 남아 있었다. 점장은 계속 취업규칙을 들먹거렸다. 취업규칙에서 15분 단위로 지급하기로 돼 있으니 그대로 지키는 것뿐이라고 했다.

"점장님, 그 취업규칙이 불법입니다."

"뭐, 뭐라고? 서연 씨. 이 취업규칙, 그냥 만든 거 아냐. 본사 인사팀에 담당 변호사가 붙어서 같이 만든 거라고! 외식업체에 적합한 모델로 말이야. 네가 그 사람들보다 법을 잘 알아? 응?"

"노동법을 잘 모르는 전문가인 모양이죠, 그 사람들."

"참나, 서연 씨. 그 정도로 자신 있어? 한 번 해 봐. 누가 이기나 보자고."

이런 취업규칙을 제안한 인사 담당자나 사내 변호사를 비난할 생각은 없었다. 회사에서는 인건비를 절감할 방법을 찾으라고 닦달했을 테고, 그들은 그저 법망을 피해갈 창의적인 방법을 찾았을 게다. 단지 그 방법이 상식을 벗어났을 뿐이다. 그리고 서연과 같이 상식을 외치는 알바 노동자가 있다는 사실을 몰랐을 뿐이다.

***

사실 서연은 근로감독관을 신뢰하지 않았다. 이전 직장에서 매주 15시간을 근무했다. 한 주의 소정근로시간이 15시간 이상이면 주휴수당을 지급해야 하지만, 회사는 서연에게 주휴수당을 지급하지 않았다. 서연은 노동부를 찾아갔다.

하지만 근로감독관은 근로계약서에 14시간이 적혀 있다는 이유로 주휴수당을 인정하지 않았다. 계약서는 14시간으로 찍혀 있지만 사실은 매일 15시간 근무하고 있다고 주장했다. 근로감독관은 오히려 인상을 구기며 말했다.

"지금 학생 말을 입증할 만한 자료가 없잖아요. 자기 권리를 챙기려면 미리 준비를 좀 해요. 억지 주장만 하지 말고."

준비를 하지 않았다고? 틀린 말은 아니었지만 억울하고 불쾌했다. 특히 억지라는 단어 사용이 서연의 마음을 요동치게 했다. 마치 없는 일을 꾸며서 주휴수당 받아내려는 악질적인 알바생처럼 비친 것 같아 얼굴이 화끈거렸다.

진실을 입증할 수 없다는 게
이렇게 창피한 일인지 몰랐다.

우리나라 근로감독관들의 살인적인 업무량을 모르는 바 아니었다. 그런데 인원과 물리적 시간의 부족은 조사의 부실을 낳고, 조사의 부실은

임금 꺾기를 아시나요?

진실의 은폐로 이어진다. 근로감독관의 수도 늘려야 한다. 해마다 시간과 사람이 부족하다는 변명을 반복한다면 **어떠한 진보도 만들어 낼 수 없을 거다.**[16]

　서연은 다시 한번 노동부를 찾아갔다. 지난번 일을 거울삼아 꼼꼼하게 증빙자료를 준비했다.

　　　약자의 권리를 먼지처럼 여기는 사회에서는
　　　약자 스스로가 좀 더 움직여야 했다.

　슬픈 현실도 현실이었다. 서연은 이상주의자가 아니었다. 현실의 무거움과 무서움을 누구보다 잘 알고 있었다.

　근로계약서를 챙기고 매장의 작업이 어떻게 이루어지는지에 대한 세부적인 근로시간도 정리해 두었다. 10분의 초과근로를 할 수밖에 없는 상황에 대해 동료 알바생들의 증언도 받아 두었다. 특히 알바노조에 가입돼 있던 한신이 뒤에서 조용히 서연을 도와주었다.

　근로감독관은 서연을 칭찬했다.

　"와. 대단하네요. 이렇게 꼼꼼하게 준비하다니. 이거 점장님이 어떻게 못하겠는데요. 점장님, 이건 초과근로수당 지급하셔야 합니다. 5인 이상 사업장이니까 곱하기 1.5로 해서요."

"아, 아니 그게 아니라, 우리 회사 취업규칙이 그렇게 돼 있다고요. 15분 단위로 연장근로수당 지급한다고요. 이 친구도 이미 알고 있고요."

"점장님, 그 취업규칙 불법이에요. 일을 시켰으면 돈을 주셔야죠. 근로기준법은 최저기준법이에요. 알고 계시죠?"

"아, 아니, 그래도……"

"그러니까요. 근로기준법 위반한 취업규칙이니까, 지급하셔야 합니다. 안 하시면 검찰로 사건 송치합니다. 아시겠어요?"

생각보다 사건은 쉽게 해결되었다. 10시 이후의 근로는 야간근로에도 해당하므로 50%의 임금을 더 주어야 하지만 서연은 그것까지 청구하지는 않았다. 하지만 여전히 다른 매장의 알바 노동자들은 자신들의 권리가 꺾인 줄도 모르고, 아니 알면서도 어찌할 수 없어 10분의 무상봉사를 자연스럽게 받아들이고 있었다.

사실 매장의 알바생 일부는 서연을 독하다고 생각했다. 그런 독한 알바생을 만난 점장이 불쌍하다 생각했다. 하지만 그런 식의 동정만으로 사회는 성장하지 않는다. 서연은 최선을 다해 일했고, 일한 만큼의 권리를 주장했을 뿐이다. 권리만 주장하고 의무를 다하지 않는 그런 사람이 아니었다.

꺾인 권리에 대해 누군가는 목소리를 내야 한다.
그만큼 사회는 진보한다.

임금 꺾기를 아시나요?

점장은 서연의 앎이 실천으로 이어지리라고는 생각하지 못했다. 보기 드문 알바 노동자였다. 앎과 삶이 공존하는 청춘이란, 이런 사회에서 그리 쉬운 것이 아니다. 대부분은 모르거나 혹은 실천하지 못하거나 둘 중 하나였다. 그들의 권리를 꺾는 것은 그들의 청춘을 꺾는 것이다.

우리 사회는 청춘의 임금을 꺾고, 시간을 꺾고 있다.
부끄러움조차 느끼지 않는 꺾기의 시대……
서연은 이 불편한 진실을 직시했다. 그리고 움직였다.

젊디젊은 서연은 송곳과도 같이 날카로웠다.

내 딸 같아서
그랬지

하지만 이제 서연은 더 이상 송곳이 아니었다.

> *하루하루 삶이라는 전쟁터에서 아등바등 살아가고 있는*
> *프린터 밑바닥의 A_4 용지만큼도 존중받지 못하는*
> *힘없는 한 여성 노동자일 뿐이다.*

팀장은 서연의 병가 신청을 거절했다. 서연은 알바 시절의 연차휴가를
떠올렸다. 욱하는 마음에 연차휴가를 신청할까 했지만 차마 마우스의
클릭 버튼을 누를 수는 없었다.

찍히는 게 싫었다. 찍힌다는 게 어떤 것인지를, 서연은 경험치로 알고
있었다.

아무리 연차휴가에 대한 권리가 법적으로 강력하게 보장되어 있다 한
들 무엇하랴. 찍히면 끝이었다. 영혼까지 불태워야 하는 조직문화는 '그

깟 법 따위'라며 그녀를 조롱하고 있었다.

무거운 마음과 아픈 몸을 이끌고 서연은 금요일에 출근했다. 여전히 콧물이 흘렀고 기침이 났다. 얼굴은 한눈에 알아볼 수 있을 정도로 상기되어 있었다. 팀장은 아무 일도 없었다는 듯, 누구에게 말하는 것인지 몰라도 "굿모닝"을 외치며 자리에 앉았다. 오늘도 어제와 같은 일상이었다. 9시의 출근 시계는 어김없이 돌아가고 있었다.

다만, 오늘은 어제보다
인간에 대한 신뢰가 조금 더 깨어졌을 뿐이다.

"굿모닝. 박 주임."

김승규 과장이었다. 김 과장은 어제 서연과 팀장과의 모든 대화를 들었다. 자리에 앉아 파워포인트를 만지작거리다가도 가끔씩 두 사람을 힐끗힐끗 쳐다보았다. 서연을 동정하기 위해서도 아니고, 팀장을 지지하기 위해서도 아니었다.

단순한 호기심이었다. 주인공의 세심한 심리 변화에는 아무 관심도 없이 소설의 결과만 슬쩍 읽어 보고선 책을 다 읽었다고 주위에 자랑해대는 유의 사람이랄까. 김 과장은 마치 이 이야기의 결말을 다 알고 있는 것처럼 거만하게 행동했다.

"박 주임, 얼굴이 조금 빨갛다. 혹시, 오늘 그 날이야?"

"예? 그게 무슨 말이세요?"

"괜찮아. 나한테는 얘기해도 돼. 팀장도 자기랑 같은 여자면서 눈치껏 오늘 좀 쉬게 해 주지. 안 그래?"

휴게실에서 힘겹게 유자차 한 잔을 홀짝홀짝 마시고 있는 서연에게 김 과장이 말했다. 천지분간을 못하는 어린 아이처럼 아무 말이나 내뱉었다. 위로하는 것도 아니고, 대화를 요구하는 것도 아니었다. 그냥 터진 입으로 나오는, 의미 없는 모음과 자음의 결합 같은 거였다. 대꾸할 힘도 없었고 그럴 가치도 없었다. 직속 상사와 부딪혀 봤자 서연에게만 손해였다.

서연은 나지막하게 "네, 먼저 들어가겠습니다"라고 말하며 서둘러 자리를 떴다. 사실, 위로가 아니라 성희롱이었지만 참았다. 김 과장에게 성희롱의 역사와 법리를 설명하는 것보다는 참는 게 더 편했다.

거룩한 것을 개에게 주지 말며,

너희 진주를 돼지 앞에 던지지 말라.

(마태복음 7장 6절)

***

서연의 입사 첫날은 잊을 수 없는 추억으로 가득하다. 알바와 계약직의 생활을 청산하고, 굴지의 대기업체 정규직 주임으로 첫 발을 내딛는

내 딸 같아서 그랬지

역사적인 날이었다.

　그날은 지원본부의 회식이 있었다. 지원본부 밑에는 3개의 팀이 있었
는데 지원본부장과 소속 팀장 그리고 출장 및 휴가로 자리를 비운 팀원
들을 제외한 전체 팀원들이 참석했다. 지원본부의 각 팀에 새로 들어온
5명의 신규 입사자들을 환영하는 자리였다. 3명이 남자였고 2명이 여자
였다. 서연은 그중 한 명이었다.

　서연은 김승규 과장과 함께 회식 자리에 도착했다. 이미 자리는 세팅
되어 있었다. 50대 정도로 보이는 본부장 옆의 두 자리가 비어 있었다.
한 자리는 서연의 몫이었고, 또 한 자리는 신입사원인 미나의 몫이었다.

　출발은 괜찮았다. 본부장의 건배사가 끝난 뒤 팀장들의 덕담이 이어
졌다. 서연은 '이제 꽃길만 걸어야지'라고 다짐하면서 회식의 모든 과정
들을 긴장 속에서 지켜봤다.
　한창 취기가 오르고 목소리의 톤이 높아질 무렵, 김 과장이 서연에게
고갯짓을 하면서 약간 화가 난 듯이 말했다.

"어이, 서연 씨. 본부장님 술잔 비었잖아. 한 잔 따라드리지 않고 뭐해?"
"네? 네. 알겠습니다."

　회식 자리는 혼란스러웠다. 아무 생각도 없이 서연은 술병을 들었다.

첫인상이 좋았던, 푸근한 느낌의 본부장은 술잔을 몇 잔 건네받으면서 이미 개가 되어 있었다. 혀가 꼬부라진 소리를 내며 말했다.

"자, 그럼 한, 한 번…… 우, 우리 회사의 새로운 꽃, 서연이 술잔 한번 받아볼까?"

그때 갑자기 김 과장이 목소리를 높였다.

"러브샷! 러브샷!"

취기가 오를 대로 오른 다른 직원들도 마치 무언가에 홀린 것처럼 김 과장의 선창에 맞춰 복창하듯이 목소리를 높였다.

"러브샷! 러브샷! 러브샷!

먹잇감을 노리고 있는 맹수의 눈들처럼 모든 눈이 서연에게로 향해 있었다. 술에 취한 본부장은 거의 반 강제적으로 서연의 팔을 꼬았고, 소주 한 잔을 원샷 한 후, 남은 술을 머리에 털어 냈다. 무언가 이상하게 돌아간다는 생각을 하면서도, 가만히 있을 수밖에 없었다.

회식은 직장생활의 활력소가 아니라
욕망과 분노와 한숨이라는 배설물들이
한데 뒤섞인 거대한 공중 화장실 같았다.

모두들 술에 취해 즐거워했다. 아니, 즐거워하는 듯 보였다. 서연도 선배들이 주는 잔을 거절할 수 없어 계속 마시다 보니 맨 정신이 아니었다. 술을 거의 마시지 못하는 미나는 억지로 마시느라 인사불성이 되어 있었다. 실로 아름다운 풍경이었다.

2차는 노래방이었다. 술에 취한 영혼들의 안식처 아니, 2차 배설구였다. 본부장에게 찍소리도 못하고 앉아 있던 팀장들은 노래방에서 그들의 권력을 드러냈다. 그 희생양은 어김없이 미나와 서연이었고, 바람잡이는 김승규 과장이었다.

가끔 드라마에서 파안대소를 하며 보던 그 장면이 서연의 삶에서 재방되고 있었다. 김 과장은 머리에 넥타이를 묶고서 서연과 미나를 끌어당기고 있었고, 두 팀장은 서연과 미나의 손을 잡고 허리를 감싼 채 브루스를 추고 있었다. 귓속말로 직장생활에서 어려운 일 있으면 불편하게 생각하지 말고 다 얘기하라고 했다.

"야, 이 새끼야. 지금이 불편하다."

하마터면 술에 취한 서연이 육두문자를 날릴 뻔했다. 난리 블루스의 회식 현장이었다. 이런 광경을 부담스러워하는 선배들도 꽤 있었지만 권력의 힘에 눌려 그저 적당히 맞장구를 칠 뿐이었다. 타인의 성희롱 따위 자기와 아무 관계가 없는 듯 눈치를 봐서 빠져나가는 선배들도 많았다. 서연의 팀장인 김 팀장도 마치 이 모든 상황들을 예견이라도 한 것처럼 서둘러 자리를 떠났다.

사회생활의 첫날. 술과 성적 농담과 저급한 위로가 어우러진 아름다운 추억이 만들어진 날이었다.

"직장 내 성희롱"이란 사업주·상급자 또는 근로자가 직장 내의 지위를 이용하거나 업무와 관련하여 다른 근로자에게 성적 언동 등으로 성적 굴욕감 또는 혐오감을 느끼게 하거나 성적 언동 또는 그 밖의 요구 등에 따르지 아니하였다는 이유로 고용에서 불이익을 주는 것을 말한다.[17]

***

서연은 같은 신입사원인 미나가 안쓰러웠다. 워낙 곱게 자란 친구인데다가 남에게 싫은 소리 한 번도 하지 못하는 착한 친구였다. 하지만 적자생존이 유일한 목적인 동물의 왕국에서 그러한 착한 성품은 하이에나같은 저급한 인간들의 먹잇감이 되기 십상이었다.

내 딸 같아서 그랬지

동물들은 약한 존재를 골라 괴롭힌다.
미나는 그들의 직장생활의 활력소였다.

바보같이 미나는 화를 내지도 못했다.

"어이, 미나 씨, 오늘 옷 죽이는데! 미나 씨 다리가 이렇게 예뻤나? 오늘 처음 알았네."
"아, 예…… 감, 감사합니다."

그들은 성희롱을 칭찬으로 착각했고, 미나는 아무 말도 하지 않았다. 서연은 그런 미나가 답답했다. 화를 내야 할 상황에 미나는 고개를 숙이고 있었다.

"미나 씨, 왜 참아요?"
"아, 서연 씨. 무슨 말씀인지……"
"남자 직원들이 몸매 얘기하면 한마디 해야지, 왜 참냐고요. 보는 제가 다 화가 나요."
"그러게요. 저도 참 제가 한심해요. 근데 천성이 그래요. 화 같은 거 잘 못 내요. 제가 좀 참으면 되죠, 뭐."

그렇게 참고 참던 미나는 결국 2년 전 퇴사했다. 같은 팀의 정 대리와 그렇고 그런 사이라는 소문이 났다. 그러더니 미나가 야한 옷을 입고 순진한 정 대리를 꼬셨다는 유언비어가 퍼졌다. 카톡 방에서는 그럴 줄 알았다는 듯 미나를 술자리의 안주처럼 씹어댔다. 세 사람만 우겨대면 없는 호랑이도 만들어낼 수 있다더니, 딱 그 꼴이었다.

미나는 옷을 좀 짧게 입었을 뿐이었고, 남자들의 저급한 농담을 그저 웃으며 받아주었을 뿐이었다. 같은 팀의 정 대리가 한 번 보자고 해서 커피숍에서 만났을 뿐이었고, 정 대리에게 좋아하지 않는다고 말했을 뿐이었다. 고백을 거절당한 정대리는 동네방네 미나 씨에 대한 험담을 쏟아냈다. 미나가 누구랑 모텔에 같이 가는 것을 목격했다는 등 지질함의 끝을 보여 주었다. 꽃뱀일 거라는 등 근거 없는 소문이 미나 씨를 둘러쌌고, 온실 속의 화초같이 자랐던 미나 씨는 결국 그 거짓의 힘에 굴복해 사직서를 냈다.

'미나 씨, 저도 미나 씨랑 다른 게 없네요. 저 시답잖은 농담을 그냥 받아넘기고 있으니 말이죠.'

서연도 그랬다. 김승규 과장의 저급한 농담을 그저 가벼운 웃음으로 받아넘기고 있었다.

***

연간 한 번은 실시해야 하는 직장 내 성희롱 예방교육[18]은 형식적이었다. 회사는 성희롱 교육에 관련된 비디오를 하나 틀어 주었다. 비디오를 본 후 성희롱 예방교육을 받았다는 서명을 했다. 그마저도 바쁘다는 핑계가 이어졌고 대리 출석이 빈번했다. 회사는 묵인했다. 교육내용도 유치했다. 실효성도 없었다.

성희롱은 회사의 문화였고, 모든 직원들이 그 문화 속에 젖어 누구도 이의를 제기하지 않았다.

민주주의는 피를 먹고 자라는 나무라는데
성희롱은 침묵 속에 자라나는 나무, 같았다.

'그런 가벼운 성적 농담이야 직장생활의 활력소 아닌가? 너무 민감한 직원들이 문제지'라는 생각이 회사 내에 팽배했다. 어떤 직원도 성희롱이 법대로 해결될 거라고 기대하지 않았다.

남녀평등은 법전이라는 환상 속에서만 희미하게 보일 뿐이고
성희롱이라는 실재는 권력과 현실 속에서 무럭무럭 자랐다.

사실 서연은 김 과장이 조금 심한 것 아니냐며 팀장에게 애로사항을 얘기한 적이 있었다.

"팀장님, 이런 말씀 조심스럽지만 김 과장님 좀 심한 것 같습니다. 몸매 얘기도 너무 자주 하고, 가끔씩 근육 풀어 준다고 목이나 어깨도 만지고, 애인 있냐고 자꾸 묻고. 이거 성희롱 아닌가요?"

법은 성희롱 행위자에 대해 회사가 징계를 하도록 규정하고 있다. 그리고 성희롱을 당했다고 주장하는 피해자에게 불리한 조치를 취해서는 안 된다는 규정도 두고 있다. **이 규정을 위반하는 경우 과태료를 부과하거나 형사처벌을 할 수 있다.**[19)]

서연은 법대로 되지는 않을 거라 생각했다. 하지만 같은 여자로서 팀장이 최소한의 액션은 취해 주리라 기대했다. 팀장의 반응은 뜻밖이었다.

"박 주임. 그거 다른 사람한테 얘기한 적 있어?"
"네? 아, 아뇨. 지금 팀장님께 처음 말씀드리는 겁니다."
"그럼 다른 사람한테는 얘기하지 마. 내 선에서 알아서 할 테니까. 명심해. 다른 팀 사람들에게는 그런 얘기, 하지 마. 알았지?"
"네……"

팀장은 자기가 관리를 못해서 부하직원이 성희롱을 당했다는 사실이 알려질까 두려웠다. 그저 달래는 게 최선이라고 판단했다. 여성 팀장의 마인드가 이 정도니, 다른 팀의 상황은 안 봐도 비디오였다. 다만 팀장이 인사팀에 무슨 얘기를 했는지 그다음 해엔 성희롱 예방교육이 달라져 있었다. 비디오 대신에 전문 강사를 불렀다. 비디오를 보는 것보다는 나았다.

"성희롱은 피해자의 주관적 관점이 중요합니다. 가해자가 아무리 그럴

내 딸 같아서 그랬지

의도가 없었다고 해도, 피해자가 성적인 굴욕감이나 혐오감을 느꼈다면 성희롱이 성립될 수 있습니다. 몸매가 좋다고 얘기하는 언어적 성희롱, 몸을 만지거나 하는 육체적 성희롱, 이상한 그림을 메일로 전송하는 시각적 성희롱 모두 피해자의 관점에서 그 성립 여부를 판단해야 합니다. 무엇보다 성평등에 대한 문화를 확산시키는 것이 중요합니다."

"그리고 피해를 당한 근로자가 회사에 얘기하면, 회사는 조사를 해서 행위자에게 징계를 내려야 합니다. **성희롱이 심하게 반복적으로 행해지면 징계해고도 정당하다는 판례**[20]가 있습니다. 그리고 피해를 입은 근로자에 대해서 회사가 불리한 조치를 취해서는 안 됩니다. 피해자가 2차 피해를 받는 상황은 없어야 하니까요."

'그럼 사장이 성희롱을 하면 어떻게 하나요?'라고 서연은 묻고 싶었지만 입을 닫았다.

돌아올 대답이 뻔했다. 강사야 어쩔 수 없이 "성희롱이 사내에서 해결되지 않으면 고용노동부에 진정을 할 수도 있고 법원에 소송을 제기할수도 있습니다"라는 교과서적인 답변을 할 것이고, 교과서에 따라 행동한 서연은 교과서의 비현실성을 경험하게 될 것이다. 성희롱을 한 가해자의 잘못은 스멀스멀 희미하게 사라져 갈 것이다.

왜 그런 짧은 옷을 입었는지

왜 그런 저급한 농담에 웃어 주었는지

왜 함께 술을 마셨는지

왜 둘만 따로 만났는지

왜 가만히 있다가 지금에서야 문제를 제기하는지

왜 회사를 생각하지 않고 자기만 생각하는지.

결국 피해자에게 본질이 아닌 것들만 최종 질문으로 남게 될 것이다. 항상 그래 왔다.

가해자는 사라지고

피해자는 꽃뱀으로 전락한다.

지나간 굵직굵직한 성희롱 사건은 가해자의 이름이 아닌, 피해자의 이름으로 각인돼 있다. 피해자의 관점이 아니라, 가해자의 관점, 아니 좀 더 정확하게는 권력자의 관점으로 성희롱 사건은 재해석될 게 뻔했다. 교과서의 모범 답안을 따랐다가 오히려 불이익을 본 직원들이 얼마나 많은지 알기는 하는 건지…… 서연은 비관적이었다.

현실은 교과서의 세계가 아니라 치열한 격투기가 벌어지는 팔각 링, 옥타곤의 세계였다. 성희롱은 사실상 남녀의 문제가 아니라 지질한 권력의 문제였다. 팀장도 남자 직원에게 은근슬쩍 성적인 발언을 할 때가 있

내 딸 같아서 그랬지

었다. 문제는 팀장에게 "그거 성희롱입니다"라고 말하기 쉽지 않다는 점이었다. 하나의 칸막이 속에 갇혀 있는 권력도 그 안에서는 막강한 힘을 가진 권력이었다.

서연도 알고 있다. 매너가 좋은 동료들이 훨씬 더 많다는 걸 말이다.

하지만 한두 명의 미꾸라지만으로도
얼마든지 농도가 짙은 흙탕물을 만들어낼 수 있다.

그나마 사회 분위기는 조금씩 달라지고 있었다. 언론도 조금씩 성희롱의 심각성을 다루기 시작했다. 술에 대해 관대한 문화도 변화의 조짐이 보이고 있었다. 그럼에도 불구하고 김승규 과장은 건재했다. 여전히 그는 입버릇처럼 말한다.

"내 딸 같고 내 조카 같아서 그런 건데, 뭐 잘못됐어?"

서연은 속으로 말했다.

나는 당신의 딸도 아니고, 당신의 조카도 아닙니다.
내 아버지는 번테가 아니고 내 삼촌은 동물이 아닙니다.

미주　1) "이 아픈 몸 이끌고 출근하라네", 시사인, 2017년 09월 26일 최종, 2018년 10월 11일

　접속, https://www.sisain.co.kr/?mod=news&act=articleView&idxno=30157.

2) **근로기준법 제60조(연차 유급휴가)**

① 사용자는 1년간 80퍼센트 이상 출근한 근로자에게 15일의 유급휴가를 주어야

한다.

② 사용자는 계속하여 근로한 기간이 1년 미만인 근로자 또는 1년간 80퍼센트 미만

출근한 근로자에게 1개월 개근 시 1일의 유급휴가를 주어야 한다.

3) 정확한 법률 이름은 "남녀고용평등과 일·가정 양립 지원에 관한 법률"이다.

남녀고용평등법 제14조의2(고객 등에 의한 성희롱 방지)

① 사업주는 고객 등 업무와 밀접한 관련이 있는 자가 업무수행 과정에서 성적인 언

동 등을 통하여 근로자에게 성적 굴욕감 또는 혐오감 등을 느끼게 하여 해당 근

로자가 그로 인한 고충 해소를 요청할 경우 근무 장소 변경, 배치전환, 유급휴가

의 명령 등 가능한 조치를 취하도록 노력하여야 한다.

② 사업주는 근로자가 제1항에 따른 피해를 주장하거나 고객 등으로부터의 성적 요

구 등에 불응한 것을 이유로 해고나 그 밖의 불이익한 조치를 하여서는 아니 된다.

남녀고용평등과 일·가정 양립 지원에 관한 법률 제39조(과태료)

② 사업주가 제14조의2 제2항을 위반하여 근로자가 고객 등에 의한 성희롱 피해를

주장하거나 고객 등으로부터의 성적 요구 등에 불응한 것을 이유로 해고나 그 밖

의 불이익한 조치를 한 경우에는 500만원 이하의 과태료를 부과한다.

③ 1의2. 사업주가 제14조의2 제1항을 위반하여 근무 장소 변경, 배치전환, 유급휴

가의 명령 등 적절한 조치를 하지 아니한 경우에는 300만원 이하의 과태료를 부

과한다.

4) 근로기준법 제60조(연차유급휴가)

⑤ 사용자는 제1항부터 제4항까지의 규정에 따른 휴가(※ 연차휴가를 말한다)를 근로자가 청구한 시기에 주어야 하고, 그 기간에 대하여는 취업규칙 등에서 정하는 통상임금 또는 평균임금을 지급하여야 한다.

5) 근로기준법 제60조(연차유급휴가)

⑤ …(중략)… 다만, 근로자가 청구한 시기에 휴가를 주는 것이 사업 운영에 막대한 지장이 있는 경우에는 그 시기를 변경할 수 있다.

6) 근무 장소나 직무 내용을 바꾸는 회사의 명령을 말한다.

7) 근로기준법 제23조(해고 등의 제한)

① 사용자는 근로자에게 정당한 이유 없이 해고, 휴직, 정직, 전직, 감봉, 그 밖의 징벌(懲罰)을 하지 못한다.

8) 근로자에 대한 전보나 전직은 원칙적으로 인사권자인 사용자의 권한에 속하므로 업무상 필요한 범위 내에서는 사용자는 상당한 재량을 가지며 그것이 근로기준법 등에 위반되거나 권리남용에 해당되는 등의 특별한 사정이 없는 한 유효하고, 전보처분 등이 권리남용에 해당하는지 여부는 전보처분 등의 업무상의 필요성과 전보 등에 따른 근로자의 생활상의 불이익을 비교·교량하여 결정되어야 하고, 업무상의 필요에 의한 전보 등에 따른 생활상의 불이익이 근로자가 통상 감수하여야 할 정도를 현저하게 벗어난 것이 아니라면 이는 정당한 인사권의 범위 내에 속하는 것으로서 권리남용에 해당하지 않는다. (대법원 1995.10.13. 선고 94다52928 판결)

9) 회사에서 나오는 것을 말한다.

10) 고용보험법 제40조(구직급여의 수급 요건)

① 구직급여는 이직한 피보험자가 다음 각 호의 요건을 모두 갖춘 경우에 지급한다.

1. 이직일 이전 18개월간 제41조에 따른 피보험 단위기간이 통산(通算)하여 180일 이상일 것

2. 근로의 의사와 능력이 있음에도 불구하고 취업(영리를 목적으로 사업을 영위하는 경우를 포함한다)하지 못한 상태에 있을 것

3. 이직사유가 제58조에 따른 수급자격의 제한 사유에 해당하지 아니할 것

4. 재취업을 위한 노력을 적극적으로 할 것

11) 2018년 1일 하한액은 1일 8시간 기준으로 54,216원이다.

12) 2018년 1일 상한액은 1일 8시간 기준으로 60,000원이다.

13) 최저임금은 2018년 기준, 시급 7,530원으로 산정하였다.

14) 가까운 고용센터 위치를 확인하기 위해서는 www.work.go.kr/jobcenter/index.do를 참조한다.

15) 자발적으로 관두더라도 실업급여를 받을 수 있는 경우

[수급자격이 제한되지 아니하는 정당한 이직 사유(고용보험법 시행규칙 제101조 제2항 별표2)]

1. 다음 각 목의 어느 하나에 해당하는 사유가 이직일 전 1년 이내에 2개월 이상 발생한 경우

가. 실제 근로조건이 채용 시 제시된 근로조건이나 채용 후 일반적으로 적용받던 근로조건보다 낮아지게 된 경우

나. 임금체불이 있는 경우

다. 소정근로에 대하여 지급받은 임금이 「최저임금법」에 따른 최저임금에 미달하게 된 경우

라. 「근로기준법」 제53조에 따른 연장 근로의 제한을 위반한 경우

마. 사업장의 휴업으로 휴업 전 평균임금의 70퍼센트 미만을 지급받은 경우

2. 사업장에서 종교, 성별, 신체장애, 노조활동 등을 이유로 불합리한 차별대우를 받은 경우

3. 사업장에서 본인의 의사에 반하여 성희롱, 성폭력, 그 밖의 성적인 괴롭힘을 당한 경우

4. 사업장의 도산·폐업이 확실하거나 대량의 감원이 예정되어 있는 경우

5. 다음 각 목의 어느 하나에 해당하는 사정으로 사업주로부터 퇴직을 권고받거나, 인원 감축이 불가피하여 고용조정계획에 따라 실시하는 퇴직 희망자의 모집으로 이직하는 경우

　가. 사업의 양도·인수·합병

　나. 일부 사업의 폐지나 업종전환

　다. 직제개편에 따른 조직의 폐지·축소

　라. 신기술의 도입, 기술혁신 등에 따른 작업형태의 변경

　마. 경영의 악화, 인사 적체, 그 밖에 이에 준하는 사유가 발생한 경우

6. 다음 각 목의 어느 하나에 해당하는 사유로 통근이 곤란(통근 시 이용할 수 있는 통상의 교통수단으로는 사업장으로의 왕복에 드는 시간이 3시간 이상인 경우를 말한다)하게 된 경우

　가. 사업장의 이전

　나. 지역을 달리하는 사업장으로의 전근

　다. 배우자나 부양하여야 할 친족과의 동거를 위한 거소 이전

　라. 그 밖에 피할 수 없는 사유로 통근이 곤란한 경우

7. 부모나 동거 친족의 질병·부상 등으로 30일 이상 본인이 간호해야 하는 기간에 기업의 사정상 휴가나 휴직이 허용되지 않아 이직한 경우

8. 「산업안전보건법」 제2조제7호에 따른 "중대재해"가 발생한 사업장으로서 그 재해와 관련된 고용노동부장관의 안전보건상의 시정명령을 받고도 시정기간까지 시정하지 아니하여 같은 재해 위험에 노출된 경우

9. 체력의 부족, 심신장애, 질병, 부상, 시력·청력·촉각의 감퇴 등으로 피보험자가 주어진 업무를 수행하는 것이 곤란하고, 기업의 사정상 업무종류의 전환이나 휴직이 허용되지 않아 이직한 것이 의사의 소견서, 사업주 의견 등에 근거하여 객관적으로 인정되는 경우

10. 임신, 출산, 만 8세 이하 또는 초등학교 2학년 이하의 자녀(입양한 자녀를 포함한다)의 육아, 「병역법」에 따른 의무복무 등으로 업무를 계속적으로 수행하기 어려운 경우로서 사업주가 휴가나 휴직을 허용하지 않아 이직한 경우

11. 사업주의 사업 내용이 법령의 제정·개정으로 위법하게 되거나 취업 당시와는 달리 법령에서 금지하는 재화 또는 용역을 제조하거나 판매하게 된 경우

12. 정년의 도래나 계약기간의 만료로 회사를 계속 다닐 수 없게 된 경우

13. 그 밖에 피보험자와 사업장 등의 사정에 비추어 그러한 여건에서는 통상의 다른 근로자도 이직했을 것이라는 사실이 객관적으로 인정되는 경우

16) 2018년 7급, 9급 공무원 시험부터 고용노동직렬을 추가, 대규모의 인원을 선발하는 것으로 확정되었으며, 노동법 과목도 추가되었다. 근로감독관의 업무량을 조정하고, 전문성을 강화하기 위한 취지라고 해석된다.

17) 남녀고용평등과 일·가정 양립 지원에 관한 법률 제2조 제2호.

18) **남녀고용평등과 일 가정 양립 지원에 관한 법률 제13조(직장 내 성희롱 예방 교육 등)**

① 사업주는 직장 내 성희롱을 예방하고 근로자가 안전한 근로환경에서 일할 수 있는 여건을 조성하기 위하여 직장 내 성희롱의 예방을 위한 교육(이하 "성희롱 예

방 교육"이라 한다)을 매년 실시하여야 한다.

② 사업주 및 근로자는 제1항에 따른 성희롱 예방 교육을 받아야 한다.

③ 사업주는 성희롱 예방 교육의 내용을 근로자가 자유롭게 열람할 수 있는 장소에 항상 게시하거나 갖추어 두어 근로자에게 널리 알려야 한다.

①과 ③ 위반 시 500만 원 이하의 과태료를 부과한다.

19) **남녀고용평등과 일·가정 양립 지원에 관한 법률 제14조**

⑤ 사업주는 제2항에 따른 조사 결과 직장 내 성희롱 발생 사실이 확인된 때에는 지체 없이 직장 내 성희롱 행위를 한 사람에 대하여 징계, 근무 장소의 변경 등 필요한 조치를 하여야 한다. 이 경우 사업주는 징계 등의 조치를 하기 전에 그 조치에 대하여 직장 내 성희롱 피해를 입은 근로자의 의견을 들어야 한다. (※ 필요한 조치를 하지 아니한 경우 500만원 이하의 과태료)

⑥ 사업주는 성희롱 발생 사실을 신고한 근로자 및 피해근로자등에게 다음 각 호의 어느 하나에 해당하는 불리한 처우를 하여서는 아니 된다. (※ 위반 시 3년 이하의 징역 또는 3천만원 이하의 벌금)

　1. 파면, 해임, 해고, 그 밖에 신분상실에 해당하는 불이익 조치

　2. 징계, 정직, 감봉, 강등, 승진 제한 등 부당한 인사조치

　3. 직무 미부여, 직무 재배치, 그 밖에 본인의 의사에 반하는 인사조치

　4. 성과평가 또는 동료평가 등에서 차별이나 그에 따른 임금 또는 상여금 등의 차별 지급

　5. 직업능력 개발 및 향상을 위한 교육훈련 기회의 제한

　6. 집단 따돌림, 폭행 또는 폭언 등 정신적·신체적 손상을 가져오는 행위를 하거나 그 행위의 발생을 방치하는 행위

7. 그 밖에 신고를 한 근로자 및 피해근로자등의 의사에 반하는 불리한 처우

20) 대법원 2008.07.10. 선고 2007두22498 판결.

2부 ———————————— 괴물들

"열정 같은 소리 하고 있네.
그건 인간에 대한 예의가 아니야.
이 예의도 없는 것들!"

우리 사회를 단단히 둘러싸고 있는
장시간 노동이라는 껍질을 깨기 위한
조그마한 움직임이 시작되고 있었다.

이게
쉬는 겁니까

부부만 운명의 끈으로 연결되어 있는 건 아닌 모양이다. 사람과 사람 사이는 모두 나름의 끈으로 연결돼 있다. 그게 악연이든 선연이든 우연과 필연으로 복잡하게 얽혀 있다.

인연은 그렇게 불쑥불쑥 우리네 삶의 시간표에서
예정도 없이 그 모습을 드러낸다.

민주가 한신을 지하철에서 본 건 필연이었을까, 우연이었을까.

***

가산디지털단지역의 출퇴근길은 거대한 인력시장과도 같다. 그저 목표를 향해 뚜벅뚜벅 걸어가기로 프로그래밍돼 있는 로봇처럼 아무런 표정도 없고 미미한 생기도 느낄 수 없는, 고독한 군중이 지하철 역사를 가득 채운다.

민주도 터덜터덜 이름 없는 거대한 군중의 흐름에 몸을 맡긴다. 멈추고 싶어도 멈출 수 없는, 막강한 군중의 힘이 민주를 한 방향으로 몰아붙인다.

그런데 흐름을 거슬러 오는 한 사람이 보였다. 민주에게로 걸어오는 듯 보였다. 설마 아니겠지. 민주는 잠깐 고개를 들었다가 다시 아무 생각 없이 다른 무리와 같이 고개를 숙였다. 그리고 스마트폰의 잡다한 가십거리들을 보면서 무리의 뒤꽁무니를 따라갔다.

"누나? 혹시 민주 누나 아니에요?"

화들짝 놀라며 민주가 고개를 들었다. 한신이었다.

"아, 한신이구나. 이게 얼마만이니?"
"그러게요. 저 앞에서 보니까 누나 같아서요. 진짜 반가워요. 누나. 시간 돼요? 근처에 별다방이라도 가서 커피 한 잔 하실래요?"

빨리 집에 가서 쉬고 싶었지만 차마 거절할 수는 없었다. 한신에게는 신세진 것도 있고 해서 커피 한 잔이라도 대접하자, 싶었다.

한신은 계속 취업의 문을 두드리고 있었다. 생각보다 녹록하지 않다

했다. 위로할 말이 딱히 떠오르지는 않았다.

"다음 주에 우리 회사, 입사 지원받아. 한 번 지원해 봐."
"에이. 누나 회사 좋잖아요. 저 같은 애, 거들떠나 보겠어요? 말씀만이
라도 감사해요."

좋은 회사라…… 민주는 피식 웃었다.

"어쨌든 한 번 넣어 봐. 누가 알겠니? 나도 들어왔는데."

겉으로는 정말 평범해 보이지만 한신은 전형적인 외유내강형의 인간
이었다. 하얀 피부에 표준말을 구사하는, 조용히 제 할 일을 알아서 하
는, 전형적인 모범생 스타일이었다. 하지만 비판의식이 많은 아이였다. 관
행을 거부하는 모범생이랄까. 모순 같지만 한신에게 딱 맞는 표현이었다.
돌이켜 보면 민주가 알바로 근무했던 매장은 법적으로 세 가지의 문제
를 가지고 있었다.

첫 번째 문제는 공식적인 근무시간 이후에는 초과근로수당을 지급하
지 않는 것이었다. 시간을 꺾어 버렸다. 이 문제는 서연이 근로감독관에
게 진정을 해서 해결했다. 한신의 도움이 컸다.

두 번째 문제는 임의로 조퇴를 시키고는 휴업수당을 지급하지 않는 것

이었다. 이 문제는 민기가 언론에 터트리면서 해결했다. 한신이 민기에게 조언을 해 주었다.

세 번째 문제는 휴게시간이 없다는 것이었다. 이 문제는 한신이 직접 해결했다.

한신은 잘 드러나지는 않았지만 모든 사건의 중심에 서 있었다. 불합리한 점이 있으면 끝까지 파고드는 스타일이었다. 스스로 확신이 생기지 않으면 행동하지 않았다. 부화뇌동하지 않았다. 확신이 들 때까지 공부하고, 확신이 생기면 행동했다. 거침이 없었다. 사실 그 속을 알 수 없기에, 조금 힘들고 피곤한 스타일이었다. 점장도 대기시간의 문제를 한신이 직접 따지기 전까지는 그를 그저 말 잘 듣는, 다루기 좋은 알바생으로 알았을 것이다.

**

"자, 손님 없으니까 20분 정도 저쪽 자리에서 앉아서 쉬어."

점장은 손님이 없을 때 알바생들을 돌아가면서 쉬게 했다. 하지만 손님이 많을 때에는 쉬고 있다가도 다시 매장에 투입되곤 했다. 쉼이라기보다는 대기라는 표현이 적당한 상황이었다. 점장의 속내를 알 수 없던 알바생들은 쉼을 즐겼다. 그러나 한신은 쉼이 아니라, 돈이 점장의 목적임을 이내 간파했다.

"점장님, 그냥 쉬는 건가요? 돈은 나오나요?"
"응? 뭐? 아, 일단 손님 없으니까 쉬는 거지……"

점장은 말을 얼버무렸다. 곰곰 생각해 보면 뼛속까지 독한 사람은 아니었다. 마치 부모님 몰래 미성년자 관람불가 영화를 보다가 들킨 학생처럼 한신의 질문에 점장은 어찌할 바를 몰라 했다. 한신은 그리 호락호락하지 않았다.

"점장님, 쉬게 해 주시는 건 감사한데요. 돈은 통장에 넣어 주셔야 합니다. 꼭이요!"
"어, 어…… 한신아. 일단 쉬어. 알았지?"

한신은 장난을 치듯이 점장에게 말했지만, 점장은 마냥 웃을 수만은 없었다. 전쟁의 계략을 적에게 간파당한 장수처럼 점장은 자리에 앉아 한참 동안을 중얼거렸다.

한 달 후, 결국 일이 터졌다.

한신은 알바노조의 간부들과 함께 등장했다. 확신한 모양이었다. 매장의 바깥 한 공터에서 알바노조의 조합원들로 보이는 무리들이 오와 열을 맞춰 구호를 외쳤다. 한 간부는 '나는 쉬고 싶다'는 팻말을 들고 있었고, 한 간부는 '휴게시간을 보장하라'라는 팻말을 들고 있었다.

한신은 무리의 맨 끝에서 '대기시간에는 임금을!'이라는 팻말을 들고서 있었다. 그는 집회 신고를 마치고 접수증을 받아 두었다. 한신은 일단 움직이기 시작하면 철두철미하게 일의 시작과 끝을 생각하고, 계획하고, 행동했다.

점장이 나와 한신을 따로 불렀다.

"뭐야? 왜 이래? 한신 씨? 정말 이렇게 하기야? 이거 업무방해인 거 몰라?"
"법적 절차 다 밟아서 집회 개최하고 있는 겁니다. 그러게 왜 자꾸 법을 어기십니까?"
"휴. 내가 전생에 무슨 죄를 지었길래 너희들 같은 알바생을 만났는지. 어쨌든 알겠으니까 빨리 접어."

사실 한신의 요구사항은 그리 복잡한 게 아니었다. 하긴 그 단순한 사항조차도 민주는 잘 몰랐다. 민주는 한신이 설명하기 전까지는 대기시간이 뭔지, 휴게시간이 뭔지 몰랐다. 휴게시간이라는 용어 자체도 입에 착착 달라붙지 않았다. 한신과 대화를 하면서 그 의미를 알게 됐다.

법은 무지를 이해하지 않는다.

법은 다정한 애인도 아니고, 모든 것을 이해해 주는 엄마도 아니다. '권리 위에 잠자는 자는 보호하지 않는다'는 말을 좌우명으로 삼는 차가운 엘리트 교사와 같다. 권리가 무엇인지 알아야 했다. 결국 한신의 단단한 지식 앞에 점장은 꼬리를 내릴 수밖에 없었다. 한 사람의 지식으로 여러 알바 노동자가 권리를 찾았다. 하지만 한신은 그다음 해에 매장을 나와야 했다. 계약이 연장될 리 만무했다.

한신은 사람이 기계가 아니므로 일하는 도중에 쉬는 시간을 주어야 한다고 말했다. 그걸 휴게시간이라 했다. 쉴 휴(休) 자에 쉴 게(憩) 자를 썼다. 알바를 하던 그 시절, 한신이 말했었다.

"누나, 근로기준법에서는 휴게시간을 주도록 하고 있어요. 그거 알고 있어요?"

법을 뒤져 보았더니 **'근로시간이 4시간인 경우에는 30분 이상, 8시간인 경우에는 1시간 이상의 휴게시간을 근로시간 도중에 주어야 한다'고 나와 있었다.**[1]

민주는 조금 이상해 한신에게 물었다.

"그래서 우리도 돌아가면서 근무시간에 쉬었잖아. 그게 휴게시간 아니니?"

이게 쉬는 겁니까

한신이 **제54조 제2항**을 보라고 했다. 과거에 전태일 열사가 이런 식으로 근로기준법을 공부했겠구나, 라는 생각이 들었다. 법 좀 아는 친구를 사귀기 원했던 전태일이 지금 이 시대에서 한신을 만났더라면 참 좋았을 텐데.

근로기준법 제54조(휴게)
② 휴게시간은 자유롭게 이용할 수 있다

"휴게시간은 근로자가 자유롭게 이용하는 시간이에요. 우리는 자유롭게 쉬는 게 아니죠. 손님 많으면 다시 나가봐야 하고, 점장이 이것 좀 치우라고 하면 치워야 하고. 그건 휴게시간이 아니에요."

휴게시간은 자유시간이라 했다. 사용자의 지휘, 감독에서 완전히 해방된 시간. 그래서 휴게시간에 대해서는 임금을 지급하지 않는다고 했다. 민주는 그래도 무언가 이상했다.

"한신아, 그래도 우리가 그 시간에 뭔가 일을 한 건 아니잖아. 그 시간에 돈을 달라고 하는 건 좀 그렇지 않니?"
"아니에요, 누나. 그렇게 생각하시면 안 돼요. 우린 일을 한 거예요. 뭔가 쉬는 것처럼 보여도 점장이 여전히 우리에게 지시할 수 있잖아요. 그게 바로 근로시간이에요."
"아무리 그래도 그걸 근로시간이라고 하기에는 좀 그렇지 않나?"

"누나같이 생각하는 사람들이 많아서, 법에서 아예 그런 시간에 대해서 만들어 놓았어요. **대기시간**이라고 해서요, **쉬는 것처럼 보이지만 여전히 사용자가 지휘·감독하는 시간은 근로시간으로 봐요.**"[2]

"그럼 대기시간에는 임금을 지급해야 하는 거야?"

"그럼요. 근로시간이니까요."

"그럼, 점심시간은 뭐야? 그건 휴게시간인 건가?"

"네. 원래 점심시간은 자유롭게 밥을 먹는 시간이니까요. 그 시간에 밥을 먹든지 산책을 하든지 그건 자유니까요."

"그럼 점심시간에 일을 시키면 안 되겠구나."

"그렇죠. 휴게시간이라서 돈이 안 나오니까요. 만약 일을 시키면 원래 그 시간만큼 임금을 추가로 지급해야 하는 거죠."

민주는 자기 아파트 경비원들의 수면시간이 5시간에서 6시간으로 늘어난 이유를 알 것 같았다. 휴게시간으로 그 시간을 지정하면 임금지급 의무에서 벗어날 수 있기 때문이었다.

> *휴게시간으로 지정해 놓고서도 일을 시키고,*
> *동시에 임금은 지급하지 않는*
> *모순 덩어리의 괴물들이었다.*

휴게시간과 대기시간의 경계에 서 있는 시간들. 모호한 것만큼 마음을 불편하게 하는 것은 없다.

이게 쉬는 겁니까

한신이 말했다. "휴게는 휴게답게 보장되어야 하고 모호한 대기시간은 임금을 지급해야 한다"라고.

민주는 한신 덕분에 휴게와 대기의 차이를 명확히 알 수 있었다. 대기 시간에는 항상 긴장했다. 쉬는 것도 아니었고 쉬지 않는 것도 아니었다. 무어라 이름 붙이기도 어려운, 애매모호한 시간이었다. 그건 온전한 쉼이 아니었다.

온전한 쉼을 '휴게'라 부르고,
사이비 같은 쉼을 '대기'라 부르는 거구나.

한신의 설명을 듣고 나니 매장의 문제가 눈에 보였다. 법에서 보장해야 할 휴게시간은 없었고 대기시간만 있었다. 그마저도 임금을 지급하지 않았다. 한신은 그 문제를 제기했고, 결국 매장에서 나왔다. 그리고 몇 년이 지난 뒤 취업준비생으로 민주의 앞에 앉아 있었다.

"그럼 누나 회사에 원서는 내 볼게요. 제가 찬 밥 더운 밥 가릴 처지는 아니니까요. 누나랑 같이 일하면 좋겠네요. 고마워요, 누나."
"그래, 한신아. 꼭 같이 일했으면 좋겠다."

남은 커피를 마저 다 마시고 두 사람은 카페 문을 열고 나왔다. 민주는 인파 속으로 모습을 감춘 한신의 뒷모습을 한참동안 바라보았다. 한신과 나눈 대화의 향내는 커피 향처럼 여운이 길었다. 한참동안 입 안 가득 그 향이 남아 있는 듯 했다.

커피는 인생의 맛이 담겨 있는 음료라는 생각이 들었다. 달달한 카라 멜 마끼아또, 평범한 아메리카노, 약간 쌉쌀하면서도 부드러운 라떼, 작 고 앙증맞은 잔에 쌉쌀하고 진한 커피 맛이 농축돼 있는 에스프레소까 지. 오늘 한신과의 만남은 어떤 커피가 어울리는 만남이었을까. 다음에 만날 때는 카라멜 마끼아또를 마시는 것도 나쁘지 않겠다는 생각이 들 었다.

집으로 돌아가는 지하철 안에서 뉴스를 검색하다 보니, 커피에 대한 짤막한 기사가 눈에 들어 왔다. 커피 마시는 시간을 휴게시간으로 관리 할 수도 있다는 보도였다. 뉴스에서 만나는 커피 맛은 쌉쌀했다.

'회사에서 근무 중에 커피 한 잔 마시는 시간도 휴게시간으로 관리하 다니. 그건 대기시간이라고!'

갑자기 다시 커피 한 잔이 그리웠다. 다시 집 근처에 있는 커피숍에 들 러 라떼 한 잔을 주문했다. 얇게 덮인 거품 속에 한신의 듣기 좋은 목소 리가 묻어 있는 듯했다.

커피 한 잔, 사람과의 대화 한 모금이 그리운 날이었다.

이게 쉬는 겁니까

그깟 종이 쪼가리가
아닙니다!

인사노무팀이라니……

생각지도 않은 때에 상상조차 못 한 팀으로 인사 발령이 났다. 바쁜 일이 조금씩 정리되어 가고 있던 시기였다. 이제는 조금 쉴 수 있겠다 싶었던 차에 뜻하지 않은 인사 발령 소식이 민주에게 날아왔다.

사회생활이란 그런 것이었다. 당사자의 의견 따위 중요하지 않았다. 의사를 물어보지도 않았다. 그냥 명령이었다. 그래서 명칭도 발령(명령을 내림)이다. 인사, 특히 전직에 대한 명령을 내릴 때에는 서로 간 신뢰관계를 고려해서 합의는 아니더라도 최소한 '협의'라도 하라는 판례가 있지만, 현장에서는 다 쓴 휴지 조각처럼 짓밟히고 버려질 뿐이었다. 사회생활이란 그런 것이었다. 권력 부서라는 이유로 내심 인사노무부서에 가고 싶어 하는 직원들도 꽤 많았다. 하지만 민주는 아니었다. 기획부서나 교육부서가 좋았다. 관리부서, 그것도 사람에 대한 일, 즉 인사를 관리하는 부서는 몸에 맞지 않은 옷을 입고 있는 것처럼 부자연스러울 거라고 생각했다. 하지만 이미 명령은 내려졌고 따를 수밖에 없다. 인사에 대한 명령 불복종은 중대한 징계사유였다.

이번 특별 인사 발령은 유독 인사노무팀에 집중되었다. 최근 벌어졌던 몇 건의 사건 때문인 듯했다. 문책성 인사 발령이었다. 그런데 하필이면 박동우 팀장이 인사노무 팀장으로 발령이 났다.

인생은 녹록지 않았다. 내 뜻대로 흘러가지 않는다. 원치 않은 일은 늘 한꺼번에 터진다.

'내 인생은 머피가 지배하고 있는 건가?'

민주는 마치 자기의 인생이 머피의 법칙에 따라 움직이는 것 같았다.

"이 대리 잠깐 볼까?"
"네, 팀장님."

박 팀장은 낮은 소리로 민주를 불렀다.

"이번에 자기하고 나하고 왜 발령 났는지 알지?"
"네? 짐작은 가지만 정확히는 잘……"
"오프 더 레코드야. 이제 인사노무팀에 왔으니까 앞으로 나랑 하는 애

그깟 종이 쪼가리가 아닙니다!

기는 다 비밀이라고 생각하면 돼. 인사는 기밀이 생명인 거, 알지?"

"네."

"저번에 알바 사건 때문에 사장님이 인사 팀장한테 소리 지르고 난리 도 아니었어. 과태료가 꽤 나왔거든. 벌금도 냈고…… 사장님께서 나한테 제도를 다시 정비하라고 지시하셨어. 특히 알바 제도 손질 좀 보라고."

"아, 그렇군요."

민주는 팀장 회의에서 나온 민감한 비하인드 스토리를 팀장이 왜 자 기한테 세세하게 얘기하는지 의아했다.

"내가, 자기를 특별히 추천했어. 인사 팀장 시킬 거면 우리 팀에 이 대 리 좀 보내 달라고 말이야."

"네? 저를요? 저는 왜……"

"이 대리, 저번에 면접 볼 때 그랬었지? 예전에 알바 많이 했었다고. 경 험보다 중요한 건 없어. 뭐가 문제인지도 잘 알고 있을 것 아냐? 그리고 페이퍼 작성도 잘하고. 사실 이전부터 인사노무팀에 있으면 더 잘할 것 같다고 생각했어."

민주는 순간, 박 팀장이 자신의 면접위원으로 참석했던 기억이 났다. 기억을 완전히 되살리기도 전에 박 팀장이 한마디를 덧붙였다.

"이 대리. 좋은 기회다, 생각해. 인사팀은 다른 팀에 비해서 승진이 빨

라. 조만간 과장 승진 있는 거 알지? 이번 제도만 잘 정비하면 이 대리한
테 좋은 기회가 올 거야. 알겠지?"

"예…… 알겠습니다."

"이 대리, 저번에 내가 소리친 건 다 잊어 버려. 내가 이 대리 미워서 그
랬겠어? 솔직히 직장생활, 쓴 맛도 느껴 봐야 한 뼘 더 성장할 거 아냐?
내가 이 대리 좀 키우고 싶어서 그랬다고 생각해. 여자가 직장에서 살아
남으려면 좀 독해져야 해. 물렁물렁하게 보였다간 여지없다고."

> 기억해.
> 직장은 사막에 있는 오아시스 같은 거야.
> 물이 없어 죽는 게 아니야. 물을 못 찾아서 죽는 거지.
> 그래서 정치가 필요해.
> 줄 잘못 서면 그 라인 다 죽는 거야.
> 누구한테 줄을 서야 하는지도 잘 생각해.
> 그게 사회생활이고 현실이야.

박동우 팀장은 이상하리만큼 장황하게 자기의 속내를 민주에게 내보
였다. 민주를 믿어서가 아니었다. 민주가 어디에 줄을 서야 할지에 대한
일종의 경고였다.

"네. 열심히 하겠습니다."

그깟 종이 쪼가리가 아닙니다!

열심히 하겠다, 라는 말이 불쑥 튀어나왔다. 두려워서 그런 건 아니었다. 이 팀에 온 이상 어차피 피해갈 수 없는 길이었다. 굳이 "저는 그 라인 아닙니다" 얘기하는 것도 이상했다.

> *부하의 뜻이 아니라*
> *상사의 권력의지가 라인을 만들었다.*

'까짓것 일단 가 보자. 피할 수 없으면 즐기기라도 해야지.'

다음 주 초까지 보고서를 만들어야 했다. 이런저런 정치 문제에 대해선 생각할 겨를도 없었다. 까라면 까야 하는 군대식 조직문화에서 민주의 선택지는 없었다. 겉으로는 "절대 충성"을 외칠 수밖에 없었다. 민주는 침을 한 번 꿀꺽 삼키고는 컴퓨터 바탕화면의 파워포인트 바로가기를 클릭했다. "단시간 근로자의 운영현황 및 제도개선(안)"이라고 제목을 큼지막하게 적어 보았다.

민주는 이번 알바 사건의 문제점이 무엇인지를 생각해 보았다. 생각이 스토리가 되고 스토리가 보고서로 이어진다. 보고서의 초안을 작성하기 위해 사건의 경위를 점 하나 묻어 있지 않은 깨끗한 A4용지 위에 스케치를 하듯 그려 보았다. 소설을 쓰듯 끄적거려 보았다. 펜대를 굴려야 생각도 함께 움직였다.

***

근로계약서 미작성의 건

홍보팀에서 판촉물을 나눠주는 알바생 10명을 10일간 고용하면서 근로계약서를 작성하지 않았다. 알바생 5명이 한꺼번에 노동부에 근로계약서 미작성으로 고소했는데 벌금이 300만 원 부과되었다. 인사노무팀의 안일한 대응과 홍보팀의 허술한 알바생 관리, 도를 넘어선 갑질 언어폭력이 문제였다. **근로계약서를 서면으로 작성해서 교부하지 않으면 500만 원 이하의 벌금이나 과태료가 부과될 수 있다**[3]는 기본적인 사실조차 몰랐다. 조그마한 가게의 사장들은 실제 이런 내용을 모르는 경우도 많다. 노동자나 사용자나 이런 법을 배우지 못한 건 매한가지이니 말이다.

하지만 인사팀과 총무팀이 분리돼 있는 이 정도 규모의 회사에서 이런 기본적인 내용도 지키지 못했다니, 민주는 한숨이 절로 나왔다.

그렇게 어려운 일도 아니었다. 고용노동부 사이트(www.moel.go.kr)에서 표준근로계약서를 클릭만 하면, **근로계약서의 샘플**[4]을 볼 수 있었다. 만 18세 이상 근로자, 만 18세 미만 근로자, 건설일용근로자, 단시간 근로자로 구분해 놓았다. 빈칸을 채우기만 하면 되는데 그 작업 하나를 수행하지 못해서 이 사달이 났다.

발단은 휴게시간이었다. 판촉물을 돌리는 5시간 동안 알바생들은 쉬는 시간도 없이 일을 했고, 그중 두세 명이 휴게시간을 요구했다. 그때 적절하게 휴게시간을 부여했다면 문제가 불거지지 않았을지도 모른다.

"배부른 소리 한다. 너희들 사회생활이 그렇게 만만한 줄 알아? 열심히 해서 한 푼이라도 더 벌 생각을 해야지. 너네들 그런 마인드로 앞으로 제대로 취업이나 할 수 있겠냐? 정신 좀 차려! 알바 주제에 뭔 말이 그리 많아? 그럴 거면 내일부터 나오지 마!"

정당한 법적 요구에 반사돼 온 건 언어폭력이었다. 갑질은 자신도 모르는 사이에 자신의 일부가 된다.

　　　　갑질은 생활습관이다.

홍보 팀장은 자신의 말을 오랜 사회생활에서 우러나오는 진국과도 같은 충고라 여겼다. 알바생이 아닌 정규직 부하직원에게도 동일한 언어폭력을 행사했다. 부하직원들은 침묵했고 홍보 팀장의 갑질은 회사 내에서 묵인되었다. 뒤에서 꼰대라고 수군대며 뒷담화를 해댈 뿐이었다.
홍보 팀장은 아직도 쌍팔년도의 세계에 살고 있었다. 하지만 알바생들은 온갖 지식들이 스마트폰에서 저장되고 공유되는, 전혀 다른 세계에서 살고 있었다. 사고방식이 달랐고 쓰는 말이 달랐다.

사실상 다른 종족이었다.

알바생들은 자신들에게 가해진 쌍팔년도의 언어에 분노했다. 정규직과 다른 점은 '분노가 행동으로 이어졌다'는 점이다. 당장 카톡으로 대화방을 개설하고 이후의 행동방향을 토의했다. 굳이 모여서 대화할 필요가 없었다. 스마트폰의 가상 회의장에서 결론을 냈다. 한 번 더 휴게시간을 요구하기로 했다. 덧붙여 한 주에 15시간 이상 일하기로 했으면 지급해야 하는, 주휴수당도 요구하기로 했다. 묵살당할 경우, 일단 근로계약서를 작성하지 않았다는 걸 이유로 형사 고소하기로 뜻을 모았다.

홍보팀장은 쌍팔년도의 세계를 벗어나지 못했고 한 번 더 언어폭력을 가했다. 물론 그는 자신의 말을 폭력이라 생각하지 않았다.

"뭐? 이제 주휴수당? 이것들이 돌았나? 홍보팀 직원들 다 신문방송학과 선후배인 건 알지? 다른 회사도 마찬가지야. 너네들 앞으로 이 바닥에 발붙일 생각하지 마. 다른 애들은 나중에 취업하려고 돈 안 받고 일하는 경우도 있어. 열정 페이가 그렇게 잘못된 거냐? 그게 현실이야. 이것들이 용돈에 보태 쓰라고 최저임금도 꼬박꼬박 맞춰 줬더니, 뒤통수를 치시겠다? 판촉물 좀 나눠주는 게 일이냐? 분수를 알아야지. 줘도 안 받겠습니다 해야 할 판에. 한심한 놈들. 사회생활의 기본이 안 돼 있군."

다른 사람의 의견 따위 중요하지 않았다. 자신의 좁은 책상이 유일한

그깟 종이 쪼가리가 아닙니다!

세계였고, 자신의 편협한 의견이 유일한 진리였다. 알바생들의 불안을 무기 삼아 갑질을 행사했다. 저급했다. 하지만 그 저렴한 협박에도 알바생들은 떨었다. 향후 취업할 때 진짜 불이익이 올 수도 있다는 두려움이 몰려왔다. 그들의 두려움은 그들의 잘못이 아니었지만, 그 두려움은 갑에게 훌륭한 무기가 되었다. 10명 중 5명은 슬그머니 발을 뺐다. 하지만 5명이 남아 있었다. 남은 자들의 결단과 용기로 홍보 팀장은 직위가 해제됐고 인사노무 팀장 및 담당자는 다른 팀으로 발령 났다.

자본주의의 세계. 그 적자생존의 냉정한 세계에서 근로계약서를 작성하는 것은 기본 중의 기본이다.

믿지 못해서가 아니다. 그건 예의다.
문서로 남지 않은 합의는 쉽게 갑질의 대상으로 변질된다.

근로계약서를 작성하지 않은 경우, 벌금이나 과태료를 부과하는 것은 그런 이유이다. 을에게 최소한의 무기를 손에 쥐어 주자는 거다. 최소한의 요구조차 묵살하며 사회생활 잘하라고 되레 충고하는 사회라면, 그 사회는 기본이 되어 있지 않은 거다.

민주는 근로계약서 미작성 사건에 대해 보고서를 작성하며 해결방안을 적었다. 대안이라 할 것도 없었다.

***

"해결방안: 계약서 작성 및 교부 의무 준수(담당자 교육)."

민주는 민망했다. 이걸 대안이라고 적고 있다니. 하긴, 모든 문제의 출발점은 기본인 거지. 민주는 스스로를 위로했다. 10일간 일한 그 알바생들을 떠올려 보았다. 짧은 기간 동안 사회생활이라며 감수해야 했던 언어폭력의 충격은 꽤 오랜 기간 동안 그들의 뇌와 가슴에 새겨져 있을 게다. 벌금 300만 원으로 그 감정의 상처를 어떻게 씻을 수 있을까. 보고서에 언어폭력에 대한 문제도 넣고 싶었지만 참았다. 어차피 팀장 선에서 삭제될 게 뻔했다. 그저 타이핑을 하면서 조용히 중얼거릴 뿐이었다.

'계약도 없이 일을 시키면 안 되지. 언어가 폭력이 되면 안 되고. 열정이라는 포장으로 페이가 증발하면 안 돼. 열정 같은 소리 하고 있네. 그건 인간에 대한 예의가 아니야. 이 예의도 없는 것들!'

그깟 종이 쪼가리가 아닙니다!

로마에는
휴일이 있을까

"아니, 10일 일하고 가는 알바생 주제에 휴일은 무슨…… 말이 되는
소리를 해야지. 그리고 뭐? 주휴수당? 일도 안 했는데 왜 돈을 줘?"

무지는 죄가 아니다.
하지만 타인의 권리에 대한 무지는 죄가 될 수 있다.

홍보 팀장은 무지했다. 심지어 부끄러워하지도 않았다. 오히려 그 무지
를 정당한 것으로 포장했지만 결국 그 무지는 자신을 향하는 부메랑이
되어 돌아왔다.

하지만 직위가 해제된 홍보 팀장은 여전히 기세등등했다. 사장하고 무
슨 연줄이 있다더니, 터무니없는 소문은 아닐 듯싶었다. 그렇지 않고서
야 저렇게 당당할 수 있을까.

갑질은 부끄러움이라는 보편적 감정을 상실할 때 드러난다.

홍보 팀장은 자신도 직장에 고용된 을일뿐이라고 강변했지만 알바 노동자들의 눈에는 누구보다 힘이 센 갑으로 보였다. 무지하고 무례한 갑이었다.

***

주휴수당 미지급의 건

주휴일에 대한 보고서를 작성하면서 민주는 세계인권선언을 떠올렸다.

> **세계인권선언 제24조(Universal Declaration of Human Rights Article 24)**
>
> 모든 사람은 노동시간의 합리적 제한과 정기적인 유급휴가를 포함해 휴식과 여가의 권리를 가진다. (Everyone has the right to rest and leisure, including reasonable limitation of working hours and periodic holidays with pay.)

휴식권이 전 세계의 보편적 인권이란 걸 홍보 팀장은 몰랐을 게다. 아니, 알았더라도 무시했을 게다. 인권이란, 홍보 팀장 앞에서는 돼지에 진주요 개 발에 편자 같은 것이었다. 주휴라는 개념이 그렇게 어려운 것이었을까.

'아니. 어렵다기보다는 관심이 없었겠지.'

대기업은 1차 하청기업을, 1차 하청기업은 2차 하청기업을, 2차 하청기업을 3차 하청기업을, 3차 하청기업은 4차 하청기업을 옥죄고 있었다. 하청기업을 '협력업체'라는 아름다운 말로 포장했지만 먹이사슬과도 같은 적자생존의 본질은 더욱 견고해져 갔다.

자신의 의지와는 무관하게 정규직은 무기계약직을, 무기계약직은 계약직을, 계약직은 알바 노동자를 희생양 삼아 자신의 자리를 유지했다. IMF라는 괴물과 맞닥뜨린 이후 우리 사회는 희미하게나마 남아 있던 공동체성을 완전히 상실한 듯 보였다. 민주가 보기에는 그랬다. 연대라는 용어는 공산주의의 언어인양 터부시되었고, '나만 아니면 돼'라는 자조 섞인 한탄이 우리 사회의 진리가 되었다. 이타심과 연대성은 과거의 유물이 되었다. 가족 외에는 기댈 언덕이 없었다. 그런 가족마저 없는 이들은 혼술과 혼밥으로 일상을 채웠다.

법은 우리 사회 최후의 보루가 되었다. 법은 공동체가 해체된 사회에선 최소한의 안전망이었다.

"요즘 젊은것들, 근성이 없어요. 누군 옛날에 법이 없어서 얘기 안 한 줄 아나? 내가 젊었을 때에는 말이야."

"내가 저 만할 땐 말이지."

지겹도록 반복되는 레퍼토리였다. 그래서 어쩌란 말인가? IMF라는 괴물은 사회의 존재양식을 바꾸어 놓았다. 어제의 당신과 오늘의 나는 다른 세계에 살고 있다. 그걸 인정하지 않는 한 홍보 팀장의 꼰대 짓은 계속되겠지.

민주는 보고서를 작성하다가 이런저런 잡생각에 빠져들었다. 머리를 좌우로 크게 흔들었다.

'내가 지금 무슨 생각하고 있는 거야? 빨리 보고서나 제출해야지.'

**

알바를 하기 전까지는 사실 민주도 몰랐다. 달력에 빨갛게 칠해져 있는 날들은 당연히 휴일이라 생각했고, 그날 일을 하면 1.5배의 임금을 받을 수 있으리라 생각했다.

"한신아, 달력에 빨간 날 근무했는데 돈이 똑같아. 휴일근로면 임금을 1.5배로 지급해야 하는 거 아니니?"
"민주 누나. 달력에 빨갛게 돼 있는 날을 법정공휴일이라고 해."

은근슬쩍 한신이 말을 놓을 때가 있었다. 습관적인 말투인지 말실수인지 모르겠지만 민주는 그게 그리 싫지 않았다. 나이는 두 살 어리지만 한신은 어딘지 모르게 어른스러웠다.

로마에는 휴일이 있을까

"그러니까, 휴일 근로한 거잖아. 그럼 1.5배를 줘야 하는 거 아닌가?"

"누나. 내가 쇼킹한 진실 하나, 말해 줄게요."

한신이 다시 말을 높였다.

"민주 누나. 법정공휴일은 일반 노동자의 법정휴일이 아니에요."

"응? 휴일이라고 얘기해 놓고, 휴일이 아니라니. 그게 무슨 얘기니?"

"법정공휴일은 원래 공무원과 교원의 법정휴일이에요. '관공서의 공휴일에 관한 규정'에 정해져 있는 날이에요. 달력에 빨갛게 칠해 놓은 날."

"그런데, 우리 아빠는 달력에 빨간 날 쉬던 걸?"

"누나 아빠가 다닌 곳은 큰 회사니까요. 보통 대기업들은 자기들 취업규칙이나 단체협약에서 법정공휴일도 쉰다고 규정하고 있어요."

"그럼 회사 취업규칙이나 단체협약에서 빨간 날을 휴일로 정해 놓아야지만, 휴일이 된다는 거니?"

"빙고. 그런 날들을 약정휴일이라고 해요. 법정휴일이 아니라 약정휴일. 회사마다 다른 거죠. 회사 창립일을 생각해 보세요. 그날은 원래 휴일이 아니지만 우리 회사는 쉬겠다고 정해 놓으면 약정휴일이 되는 거지요."

5월 1일과 주휴일은 모든 노동자들의 법정휴일이다. 하지만 그 두 날을 제외하곤 법정휴일이 없었다.

나머지 날들도 쉬기 위해서는 회사의 취업규칙이나 단체협약에 근거

규정이 있어야 했다. 그걸 약정휴일이라고 했다. 원청업체에 납품해야 하는 기일을 맞추기 위해 하청업체는 법정공휴일에도 하릴없이 일을 해야 했다. 휴일로 약정되지 않은 경우에는 휴일근로수당도 지급받지 못했다. 쉼의 양극화와 임금의 양극화가 동시에 진행되었다. 한신은 그 당시, 민주에게 휴일에 대하여 상세하게 설명해 주었다.

하지만, 이후 법정공휴일도 일반 노동자의 법정휴일로 보장하는 것으로 법을 개정했다. 2020년 1월 1일부터 300인 이상의 근로자를 사용하는 사업장과 공공 부문부터 법정공휴일도 일반 노동자의 유급휴일로 보장된다. 30명 이상 300명 미만의 근로자를 사용하는 사업장은 2021년 1월 1일부터, 5명 이상 30명 미만의 근로자를 사용하는 사업장은 2022년 1월 1일부터 법정공휴일이 유급휴일로 보장된다.

5월 1일 노동절

노동절(메이데이)[5]이라 불리는 이날은 모든 노동자들의 법정휴일이다. 다만 교원과 공무원은 아니다. 법정공휴일이라는 특별규정이 있다는 이유였다.

"그럼 그날 쉬어도 돈이 나오는 거야?"

"맞아요. 그걸 유급휴일이라고 하죠. 근무하지 않더라도 돈이 나오는 날. 월급제 노동자들은 이미 월급 속에 5월 1일자 임금이 포함돼 있어요."

"그럼 우리 같은 알바생들도 5월 1일에 돈이 나오는 거야?"

"그럼요. 알바도 엄연한 노동자니까. 그리고 알바는 일반적으로 시급제니까, 5월 1일은 나오지 않더라도 별도로 시급을 계산해 줘야 해요."

"그런데 나, 전에는 그런 거 알바하면서 받아본 적 없어. 그냥 주는 대로 받았어. 처음 일했던 편의점은 사장님도 맨날 힘들다는 말을 입에 달고 살았어. 차마 뭐라고 말을 못 하겠더라고."

"누나가 마음이 여리고 착해서 그래요. 제가 그래서 누나를 좋아하는 거고요."

좋아한다는 말이 그런 뜻은 아니었겠지만, 민주는 왠지 좋았다. 어두운 방 한가운데 놓인 조그마한 촛불처럼 은은하고 포근했다.

"저는 우리나라 대기업들이 많이 반성해야 한다고 봐요. 있는 사람들이 더 하다고 하잖아요. 자기들의 위험을 자연스럽게 하청기업에 전가시키죠. 위험의 분산과 경영의 효율성이라는 그럴싸한 이름으로 포장하면서 말이에요. 그러면서도 그게 갑질인 줄 몰라요. 편의점주나 소규모 사장들도 여러 가지로 어려운 게 많을 거예요. 저도 알아요. 물론 그렇다고 해도 임금체불을 정당화할 수는 없지만요."

"그런데 한신아, 주휴일은 또 뭐야? 일요일을 얘기하는 거야?"

주휴일

"**주휴일**[6)]이란 말 그대로 한 주에 최소한 하루, 쉬는 날이에요. 업종에 따라 주휴일은 일요일이 될 수도 있고 다른 날이 될 수도 있어요. 백화

점 같은 곳에 근무하는 직장인들은 월요일이 될 수도 있고, 도서관 같은데 근무하는 사람들은 금요일이 될 수도 있어요. 반드시 일요일이 주휴일이 될 필요는 없는 거죠. 대개는 일요일이 주휴일이 되겠지만요."

"주휴일은 돈 나오는 거야? 근무 안 해도?"

"맞아요. 주휴일도 유급이에요. 쉬더라도 돈이 나오지요. 월급제 노동자들은 보통 월급 속에 그 돈이 포함돼 있고요. 일급제는 그 돈이 포함돼 있지 않으니까 따로 돈을 줘야 해요. 그 돈을 주휴수당이라고 해요. 시급제도 마찬가지고요. 그런데 한 주를 개근해야 한다는 조건이 붙어 있어요."

"한신아, 잠깐만!"

민주는 한신의 말을 끊었다. 주휴일에 대해서 몇 가지 확인하고 싶은 게 있었다.

"몇 가지 물어볼게."

"네. 뭐를요?"

"우선 첫째, 내가 어느 날 지각이나 조퇴를 했어. 그럼 그 주간도 개근한 거야? 그 주, 주휴일에 돈이 나오는 거야?"

"그렇죠. 지각과 조퇴는 결근이 아니니까 주휴일에 돈 줘야지요. 지각과 조퇴는 근로시간의 문제예요. 근무하지 못한 시간만큼 임금을 까거나 다른 시간으로 메우면 되는 거예요. 결근한 거는 아니에요."

"오호. 대단한 걸? 둘째 질문, 내가 주말에만 알바를 한 적 있었거든? 매주 이틀만 일을 한 거지. 그때도 주휴수당이 발생하는 거야?"

"네, 맞아요. 일하기로 합의한 날에 다 출근했으면 개근한 거예요. 주 5

일이나 6일을 다 나와야 한다는 의미가 아녜요. 만약 토요일과 일요일에 나와서 일을 하기로 했으면, 그 이틀만 나오더라도 그 주는 개근한 게 되는 거죠. 그런데 문제는……"

"응? 문제는?"

"아마 민주 누나도 알고 있을 거예요. 1주의 소정근로시간이 15시간 이상이 돼야 해요. 15시간 안 되게 계약을 체결했으면 사장님이 주휴수당을 줘야 할 의무는 없다는 거죠. 만약 토요일에 7시간, 일요일에 7시간 일을 하기로 했으면 한 주 근로시간이 15시간 미만이니까 주휴수당을 지급할 의무가 없어지는 거예요. 하지만 누나가 만약 토요일에 8시간, 일요일에 8시간 근로하기로 했으면 주휴수당을 지급해야 해요. 한 주 근로시간이 15시간 이상이니까요."

***

민주는 보고서를 작성하면서 과거 한신과의 대화가 새록새록 떠올랐다. 한신은 어떤 질문을 하더라도 귀찮다는 내색을 한 적이 없었다. 민주는 한신이 어린 후배로만 보이지 않았다. 때로는 듬직한 선배 같았고 선생 같았다.

> *어른이란*
> *나이가 많거나 스펙이 대단한 사람이 아니라*
> *타인의 아픔에 공감할 수 있는 자다.*

한신은 나이는 어리지만 어른 같았다. 민주는 틈날 때마다 한신과 얘기하고 싶었다. 인생의 황금기를 보내고 있어야 할 그 젊음의 때에 민주는 외로웠다. 또래 친구들은 스펙을 쌓느라 도서관에서 정신없이 공부하고 있을 그 시기에 민주는 한 푼이라도 더 벌기 위해 이리저리 분주하게 뛰어다니고 있었다. 굽어가는 부모님의 등에 자신의 무게마저 더할 수는 없었다. 누가 청춘을 노래했던가.

민주에게 청춘은 놀이터가 아니라, 전쟁이었다.

전쟁터와 같은 사회에선 일자리조차 세습되었다. 부끄러운 줄도 모르고, 다 큰 자식들을 취업시키기 위해 부모들은 자기의 권력과 학연과 지연을 총동원하였다.

권력도 없고 인맥도 없는 청춘들은
오로지 맨몸으로 세상의 부조리에 맞서야 했다.

한신과 대화하다 보면 그런 상처들이 조금이나마 아무는 듯했다. 타인의 아픔에 공감할 줄 아는, 몇 안 되는 어른 같은 동생이었다. 따뜻했다.

***

"한신아, 그럼 주휴수당은 얼마를 받을 수 있는 거야?"

"보통 하루치의 임금을 받는 거라고 생각하면 돼요. 만약 매일 8시간 일하는 노동자라면 8시간치의 임금을, 매일 5시간 일하는 노동자라면 5시간치의 임금을 받게 되는 거죠."

"그러면 토요일에 8시간, 일요일에 8시간 일한 알바들은 8시간치의 임금을 주휴수당으로 받을 수 있는 거야?"

"음. 조금 어려운 거긴 한데, 보통 일반 노동자보다 한 주의 소정 노동 시간이 짧은 노동자를 단시간 노동자라고 해요. 단시간 노동자들은 하루의 시간을 평균 내어서 그 시간만큼 주휴수당을 지급해요. 하루의 시간을 평균 내는 공식이 있어요. 토요일에 8시간, 일요일에 8시간 일한다고 가정해 보면요, 분자에는 8 더하기 8, 즉 16시간을 집어넣는 거예요. 분모에는 일수를 집어넣는 건데, 자기 회사의 정규직 노동자들의 근무일 수를 집어넣는 거예요. 보통 주5일 근무를 하는 경우가 많으니까, 분모에는 5일을 넣는 걸로 생각하면 돼요."

"조금 복잡하다."

"아냐, 아냐. 말로 하니까 조금 복잡해 보이지만, 충분히 계산할 수 있어요. **토요일에 8시간, 일요일에 8시간 일하는 경우라면, 분자는 16시간 분모는 5일이 되는 거죠. 나누어 보세요. 3.2시간이 나오죠? 그 시간만큼 주휴수당을 지급하면 되는 거예요. 만약 시급이 8천 원이면 8천 원×3.2가 그 주간의 주휴수당이 되는 거예요.**[7]"

홍보 팀장이 청춘들의 아픔에 공감했더라면, 그 알바 대학생들이 노동부에 고소장과 진정서를 제출하지는 않았을 게다. 주휴수당의 문제라기보다는 인격과 공감의 문제였다. 누가 법을 완벽하게 알 수 있겠는가? 하지만 자신의 무지 때문에 타인이 상처를 입었다면 아파해야 하지 않을까? 부끄러워해야 하지 않을까? 어른은 그래야 하는 것 아닐까? 미안하다고 말하는 게 그렇게 어려운 일일까……

주휴수당에 대한 보고서의 내용은 단순했다. 주휴에 대한 법적 내용과 향후 개선방안을 담았다. 각 팀 알바에 대한 주휴수당 지급과 담당자에 대한 주휴수당 관련 법률 교육이 주된 내용이었다.

*　*　*

"이 대리, 나 좀 볼까?"

박 팀장이 민주를 불렀다.

"자기가 쓴 보고서 말이야. 이거 이렇게 바꾸자고."
"네? 어떻게요?"
"주휴수당, 굳이 지급할 필요 없잖아. 한 주 근로시간이 15시간 미만이면 말이야."[8]
"네, 그렇긴 합니다만……"
"그럼 이렇게 하지. '주휴수당 지급' 이걸 빼 버리고 '1주 15시간 미만 계약 체결'로 말이야."

어차피 민주의 의견은 중요하지 않았다. 팀장의 말은 권유가 아니었다. 보고서를 다시 고쳐 오라는 의미였다. 이미 주휴수당 지급이라는 글귀 위에는 빨간 줄 두 개가 곱게 그어져 있었다. 민주는 보고서를 받아 들고 선 자리로 가 털썩 주저앉았다.

자유로울 수 없었다. 누구도 우리 사회의 갑질에서 자유로울 수 없었다.

"나도 보고서 따위로 갑질하는 사람이 되었구나."

민주는 중얼거렸다.

암탉이 울면
나라가 망한다

한여름밤의 꿈이었을까? 달콤한 신혼의 꿈은 오래가지 않았다. 민주에게 임신이란 축복이자 현실이었다. 기대와 불안이 동시에 쓰나미처럼 몰려왔다. 현실에 발을 딛고 있었지만 생각은 10년 후를 배회하고 있었다.

임신에 호의적인 직장문화가 아니었다. 생명 속에 자리 잡은 또 다른 생명. 그 생명은 적어도 회사라는 공간에선 환영받지 못했다. 인간의 존엄성 같은 철학적 용어는 전쟁터와 같은 직장의 현실 속에서 갈 길을 잃고 방황했다. 가치는 사라지고 고단한 현실만 남았다.

엄마의 뱃속에서부터 아기는 세상의 언어를 배웠다.
겉과 속이 다른 언어였다.

휴게실 뒤에 자리 잡은 은밀한 뒷담화의 아지트에서 수군대는 말들의 향연이 이어졌다.

"이 대리, 임신했다며? 첫째 낳고, 1년 만에 애 가진 거 아냐?"

"그렇게 대책 없이 애를 낳다니…… 남아 있는 동료들은 도대체 어떡하란 거야? 생각이 있는 거야? 없는 거야?"

"그렇게 애를 낳을 거면, 육아 보장이 잘돼 있는 공무원이 될 일이지…… 한 사람이 아쉬운 회사에 와서 그렇게 애를 낳으면 민폐인 거, 모르나?"

태아는 민폐가 되었고, 엄마는 민폐를 낳고자 하는 무례한 사람으로 치부되었다. 생명은 그렇게 무시되었다. 민주도 알고 있었다. 한 생명이 가져오게 될 고단한 삶의 예정표. 하지만 아이를 포기할 수는 없었다.

*　*　*

"나 이참에 회사 그만둘까?"

"힘들어?"

"직장에선 가시방석이야. 애 낳으려고 직장에 들어왔냐고, 뒤에서 수군거리는 소리도 듣기 싫고."

"애 낳는 게 죄야?"

"응. 죄야. 적어도 우리나라에선. 당신도 알고 있잖아."

우리는 복이 저주가 되는 세상에 살고 있구나.

나라에선 아이를 낳으라고 아우성이었고, 직장에서는 아이를 낳지 말라고 압박을 가했다. 생명의 논리는 없었다. 나라에선 그저 한 사람의 경제활동인구가 필요했을 뿐이고, 직장에선 임산부로 인한 부대비용이 아쉬웠을 뿐이다.

교육문제, 집문제 등 각종 육아문제를 생각하면 머리가 아파 왔지만 민주는 아이를 낳고 싶었다. 어떤 부부들은 둘만의 오붓한 시간을 즐긴다지만 민주는 아이의 해맑은 웃음소리를 온 방 안에 가득 채우고 싶었다.

첫째를 임신했을 때였다.

민주는 두 눈을 감고 두 귀를 닫았다. 아이를 낳고 직장도 다니려면, 온갖 수군거림에 대처할 만한 지혜가 필요했다. 민주는 침묵을 택했다. 나라가 원하는 대로 임산부에 대한 보호 조항을 최대한 활용해서 아이를 보호하기로 했다. 직장에서 뭐라고 욕을 하건 뚜벅뚜벅 아이를 보호했다. 욕을 먹지 않기 위해 자리에 앉아 있는 시간만큼은 누구보다 열심히 일했다. 그래 봤자 알아주는 이, 아무도 없었지만.

***

임신기간 근로시간 단축제도

민주는 떨렸다. 이게 뭐라고……

"저, 팀장님. 드릴 말씀이 있습니다."

암탉이 울면 나라가 망한다

"어, 이 대리, 뭔 일이야?"

용기가 필요했다. 이게 뭐라고……

"저 임신했습니다."

잠깐의 정적이 흘렀다. 팀장은 헛기침을 했다.

"아, 아, 그래? 그래, 잘 됐네. 축하해. 남편도 좋아하겠네."

입과 표정이 다른 말을 하고 있었다. 정 대리는 육아휴직을 사용하고 있었다. 김 과장이 있긴 하지만 필드에서 일을 맡길 만한 사람은 민주밖에 없었다. 인턴사원이 있었지만 제대로 된 기안을 올릴 수는 없었다. 민주는 박 팀장을 이해할 수 있었다. 팀장의 표정에서 나오는 당혹스러움을 읽을 수 있었다.

하지만 용기를 냈다.

"팀장님. 저 **임신기 근로시간 단축제도**[9]를 활용할까, 합니다."

임신 중 근로자는 임신기간 중에 유산의 위협에 시달린다. 특히 임신 초기 그리고 임신 후기가 위험했다. 임신 후 12주 이내 그리고 임신 후

36주 이후에 있는 여성 근로자는 2시간 짧게 근무하겠다고 청구할 수 있다. 1일 근로시간이 8시간이라면, 1일 6시간까지 근무할 수 있다. 근로시간은 단축하더라도 임금을 삭감해서는 안 된다.

팀장은 그래도 쿨한 편이었다. 어차피 **임신 중 근로자는 연장근로를 할 수 없으니까**[10] 연장근로를 하지 않는 선에서 일하는 게 어떠냐고 제안했다. 하지만 민주가 거부했다. 아이를 보호하고 싶었다. 팀장보다는 아이가 소중했다.

"뭐, 이 대리야 워낙 일을 잘 하니까…… 6시간 근무하더라도 맡은 일은 깔끔하게 처리해야 해. 알겠지?"
"네, 팀장님. 감사합니다. 일 소홀히 하는 건 없을 겁니다."

얼마 지나지 않아 민주가 듣든 말든 상관없다는 듯 온갖 뒷담화가 이어졌다.

"아, 글쎄, 이대리가 2시간 빨리 퇴근하면서 임금은 똑같이 받아간대. 참나, 세상 좋아졌어. 나도 임신이나 할까 봐."
"박 팀장도 힘들겠네. 이 대리 성격 아니까, 말을 못 해서 그렇지. 속으로 얼마나 욕을 했겠어?"
"임신기 근로시간 단축제도? 그런 거 일반 직장에서 누가 사용해? 공무원들이나 쓰는 거지."

암탉이 울면 나라가 망한다

아이가 태어날 세상은 그런 곳이었다.

***

유산·사산 휴가제도

임신 사실을 팀장에게 언제 말해야 하나, 고민하던 어느 토요일이었다. 서연이가 전화를 했다. 울먹였다. 서연이 답지 않았다.

"서연아, 무슨 일이야. 괜찮니?"
"나 병원이야."

서연이가 유산을 했다. 두 번째 유산이었다. 임신 28주차였다. 임신을 한 서연이는 평상시처럼 근무했다. 법에 따라 연장근로는 하지 않았다. 하지만 6시 정각에 퇴근하는 그녀에게 '땡녀'라는 별명이 붙었다. 그저 법을 지키는 자에게 사람들은 사회생활의 기본이 안 돼 있다며 혓바닥으로 악담의 돌들을 던져 댔다. 사실 서연도 불편했다. 6시가 되면 "먼저 나가 보겠습니다" 던지는 그 말이 스스로를 찌르는 가시 같았다. 그래서 8시간만큼은 악착같이 근무했다. 그래도 알아주는 이, 하나도 없었다.

임신기간이 28주 이상인 경우에는 유산휴가 90일을 사용할 수 있었다. 서연이가 다니고 있는 대기업에선 60일은 회사가 돈을 지급했고 나머지 30일은 고용센터에서 돈을 지급했다. **중소기업**[11]은 회사가 부담해야 하는 60일도 고용센터에서 일정 급여를 지원해 주었다. 2018년 기준으로 통상임금의 100%, 한 달에 160만 원이 최대한도였다. 근로자가 160만 원보다 더 많은 통상임금을 받고 있는 경우에는 최초 60일 동안 차액분을 회사가 지급해야 한다. 유산휴가 혹은 사산휴가의 일수는 임신기간에 따라 달라졌다. 5일, 10일, 30일, 60일, 90일.

임신기간	유산 또는 사산한 날로부터 휴가기간
11주 이내	5일까지
12주 이상 15주 이내	10일까지
16주 이상 21주 이내	30일까지
22주 이상 27주 이내	60일까지
28주 이상	90일까지

그마저도 욕하는 사람들이 있었다.

"그러니까 여자는 뽑지 말자니까. 이렇게 계속 쉬게 될 줄 뻔히 알면서도 왜 뽑는 거야. 도대체……"

위로가 필요한 이에게 그들은 날카로운 언어의 칼을 가슴팍에 던졌다. 서연에게 머물다 간 아이에게 28주의 세상은 어떤 세상이었을까. 차라리 이런 세상이라면 나오기 싫었던 것일까. 민주는 서연의 손을 잡고 함께 울었다.

민주는 마음을 고쳐먹었다. 아이를 위해선 타인의 비아냥 따위, 무시

암탉이 울면 나라가 망한다

하기로 했다. 생명이란 그 어떤 가치보다 소중했다. 무엇보다 사용하라고 만들어 놓은, 합법적인 권리였다. 욕먹을 일이 아니었다.

***

출산전후휴가제도

서연과 만난 이후, 민주는 버텼다. 눈치가 보여도 정시에 퇴근했다. 임신기 근로시간 단축제도도 최대한 활용했다. 서연의 말이 자꾸 머릿속에 맴돌았다.

"빛도 못 보고 떠나간 아이한테 너무 미안해. 민주 너는 나처럼 하지 마. 생명보다 중요한 가치는 없어."

출산예정일을 30일 앞두고 **출산전후휴가**[12]를 신청했다. 출산휴가는 90일이었다. 쌍둥이를 임신한 경우에는 120일의 출산휴가를 쓸 수 있었다.

출산휴가기간 동안 임금도 지급되었다. 원래 처음 60일은 회사가 지급하고, 나머지 30일은 고용센터에서 출산휴가급여라는 명목으로 지원금을 지급한다. 하지만 우선지원대상기업인 경우에는 처음 60일도 급여를 지원해 줘서 90일을 다 고용센터에서 지원해 주는 셈이다. 통상임금의 100%를 지원해 주는데, 한 달 최대한도가 160만 원이었다. 근로자가 160만 원보다 더 많은 임금을 받고 있는 경우, 처음 60일 동안 그 차액

분을 회사가 지급해야 했다. 유·사산 휴가와 같은 구조였다.

구분 (통상임금 200가정)	30일	30일	30일
대기업	200	200	-
고용센터	-	-	160
계	200	200	160

구분 (통상임금 200가정)	30일	30일	30일
우선지원대상기업	40	40	-
고용센터	160	160	160
계	200	200	160

출산전후휴가기간 중 급여 지급(2018년 기준)

출산휴가급여를 고용센터에서 받기 위해서는 출산전후휴가확인서에 출산전후휴가급여신청서, 통상임금을 확인할 수 있는 자료를 첨부해서 거주지나 사업장을 관할하는 고용센터에 제출해야 했다. 30일 단위로 신청하거나 복직 후 한꺼번에 신청할 수 있었다.

4대보험 처리 방법

생각보다 자잘하게 정리할 것들이 많았다. 민주는 차근차근 출산휴가 기간 중에도 4대보험료를 납부해야 하는지에 대해 정리해 보았다. 인사 팀에 근무했지만 4대보험을 담당하는 직원이 따로 있어서 4대보험에 대해서는 잘 몰랐다. 사실 세금보다 4대보험료가 은근히 부담될 때가 많았다. 4대보험을 출산휴가기간 중 어떻게 처리할지는 남편이 도와주었다. 민주보다 나이는 어렸지만 남편은 어른처럼 포근하고 자상했다.

국민연금

"민주야, 우선지원대상기업인 경우에 국민연금 보험료는 90일 전체에 대해서 납부예외신청을 할 수 있어. 그게 인정되면 90일 동안 국민연금 보험료를 납부하지 않아도 돼. 일단 회사에 국민연금은 납부예외를 신청해 달라고 해. 그럼 회사에서 처리해 줄 거야."

"그래? 그럼 대기업은?"

"대기업의 경우, 처음 60일은 회사가 임금을 주고 있으니까 60일은 보험료를 내야 해. 나머지 30일에 대해서 납부예외신청을 하면 돼. 당신 회사는 우선지원대상기업이니까 이 부분은 패스."

소득의 4.5%(회사와 근로자가 각각 4.5%를 부담한다)를 내야 하는 국민연금 보험료는 일단 피해갈 수 있을 것 같았다. 나중에 돌려받는 돈이라지만 현실의 삶은 그리 녹록치 않았다. 은퇴 후의 삶까지 생각할 여유가 없었다.

건강보험

"그럼 건강보험료는?"

"출산휴가기간 중에도 건강보험혜택을 받기 때문에 건강보험료는 납부해야 해. 출산휴가기간 중에도 매월 건강보험료를 납부한다고 생각하면 돼."

"그런데 저번에 정 대리는 건강보험료를 깎아 주는 것 같던데 그건 뭐지?"

"그건 아마 육아휴직이었을 거야. 육아휴직기간 중에 납입고지 유예 신청을 하고 복귀하면 보험료를 60% 깎아 줘. 그러니까 육아휴직인 경 우에는 납입고지 유예신청을 하는 게 좋아. 회사에도 그렇게 얘기하고."

소득의 3.12%(회사와 근로자가 각각 3.12%를 부담한다)를 부담해야 하는 건강보험료도 만만치는 않았다. 하지만 비싼 의료비 때문에 미국에 서 한국으로 원정 오는 지인들을 보면서 민주는 건강보험제도의 필요성 을 역설했다. 보험료는 아까웠지만 감수해야 한다고 생각했다. 현대적인 품앗이였다.

고용보험&산재보험

"고용보험과 산재보험은 자기가 신경 쓸 게 없을 거야."

"왜?"

"출산휴가나 육아휴직을 하게 되면 회사에서 근로복지공단에 근로자 휴직신고를 하게 돼. 휴직신고를 하게 되면 그 기간 중 산재보험료가 부 과 안 돼. 뭐 어차피 산재보험료는 회사가 전액 납부하긴 하지만 말이야."

"그럼 고용보험료는?"

"보통 노동자가 실업급여에 대한 보험료로 소득의 0.65%를 내는데 출산휴가기간엔 회사에서 받은 돈이 있는 경우, 그 소득에 대해서만 0.65%를 내게 돼. 고용센터에서 받는 거 말고, 회사에서 받은 돈이 없으 면 낼 보험료도 없는 거지."

암탉이 울면 나라가 망한다

＊＊＊

　남편이 고마웠다. 아무리 신혼이라지만 어떤 친구들은 남편과 대화하는 게 쉽지 않다고 했다. 이해는 됐다. 남편은, 그리고 아내는, 직장에서 무수한 스트레스를 온몸으로 감당했을 게다. 집에 들어오는 그 순간에 에너지는 이미 바닥이 났을 거고, 어떤 말도 귀에 들어오지 않을 것이다. 그게 우리의 우울한 현실이었다.

　일과 가정의 양립이란,
　봄철에 잠깐 눈앞에 아른거리는 아지랑이처럼
　허무하게 사라져 갔다.

　현실은 물 한 방울조차 찾기 어려운 거대한 사하라 사막 같았다. 남편도 다를 바 없었다. 사람들로 빈틈없이 채워진 전동차 안에서 힘겹게 출퇴근을 하고, 직장에선 여러 번 상사에게 깨지고 무너졌다. 내일 처리해야 할 서류들로 머릿속이 복잡하겠지. 하지만 그 피곤한 일상에서도 남편은 민주와 대화하기 위해 노력했다. 곽곽한 현실일수록 사랑이란 감정은 의지와 결합해야만 했다. 민주는 남편의 부드러움과 그 의지가 좋았다.

　현실을 비판하되
　현실에 무너지지는 않았다.

민주와 그 길을 함께 가려 했다. 주위에 아무도 없는 것 같은 고달픈 인생의 한 시기에서, 내 편이 되어 대화할 사람이 있다는 게 기뻤다. 아이에게 이 멋진 아빠의 모습을 보여 주고 싶었다.

출산휴가 분할사용제도

출산휴가 분할제도가 있다는 건 민주도 알고 있었다. 하지만 다행히 아이가 출산일까지 건강하게 자라줘서 이 제도를 활용할 필요가 없었다. 하지만 '서연이가 이 제도를 활용했으면 어땠을까'라는 안타까움이 들었다. **원래 출산휴가는 쭉 이어서 90일을 쓰는 것이 원칙이다. 그리고 출산 후 45일을 반드시 확보해야 한다.**[13]

그런데 **출산 전에는 출산휴가를 분할사용할 수 있다.**[14] 근로자에게 유산의 경험이 있는 경우, 출산휴가를 청구할 당시 나이가 만 40세 이상인 경우, 유산의 위험이 있다는 의사의 진단서를 제출한 경우엔 출산 휴가를 잘라 쓰는 게 가능했다. 서연은 이전에 유산의 경험이 있었으므로 이 제도를 활용할 수 있었다.

임신 초기에 몸이 좋지 않을 때는 병가를 사용할 수도 있다. 하지만 병가는 법정휴가가 아니다. 회사마다 취업규칙에 따라 그 정도가 달라지는 불안정한 휴가다. 병가를 활용하기 힘들 때에는 출산휴가의 분할제도를 활용하는 게 좋은 대안이 될 수 있다.

암탉이 울면 나라가 망한다

서연도 그랬다면 어땠을까. 부질없는 가정이지만 서연을 생각하며 민주는 아팠다. 회사의 차가운 문화는 서연의 캐릭터마저 바꿔 놓았다. 더이상 민주가 기억하는, 알바 시절의 당당한 서연이 아니었다. 그저 하루하루 상사의 눈치를 보며 자기 권리를 희생하는, 연약한 한 직장 여성일 뿐이었다.

***

다행히 민주는 무사히 아이를 낳았다. 꼬물꼬물한 아이의 손을 잡자 억눌러 왔던 눈물이 왈칵 쏟아져 내렸다. 남편이 옆에서 위로해 주었다. 남편은 민주가 아이를 낳자 5일의 **배우자 출산휴가**[15]를 사용했다. 3일간은 돈이 나왔다. 권리였지만 용기가 필요했다.

그리고 민주는 90일의 출산휴가를 마치고 바로 6개월간의 육아휴직을 신청했다. 갓 태어난 아이를 다른 사람에게 맡기기는 싫었다. 온갖 욕을 바가지로 먹었다. 아이를 키운다는 이유로 맘충이란 벌레가 되었다. 혐오의 파도는 생각보다 높았다.

자리를 비운 기간 동안 기간제 근로자가 민주의 자리를 대신했고 민주가 복귀하자마자 그 기간제 근로자는 일자리를 잃었다. 민주의 잘못은 아니었지만 미안했다.

엄마로서의 삶과 직장인으로서의 삶을 병행하는 건 생각보다 힘들었다. 엄마가 된 직장인들은 미안할 일이 한두 가지가 아니기도 했다. 하지만 곁에서 볼 땐 어제와 같은 일상이었다.

시나브로 달력의 마지막 한 장이 찢겼고 새로운 한 해가 세상 밖으로 튀어나왔다.

1월 초, 연차휴가를 담당하는 정 대리가 연차휴가 사용계획서를 보내왔다. 민주의 회사는 연차휴가를 보상하지 않기 위해 1월에 한 번, 7월에 한 번 휴가사용계획서를 받고 있다. 법에 따라 연차휴가를 독려하게 되면 연차휴가를 다 못 썼더라도 회사가 보상할 필요가 없기 때문이었다. 그래서 휴가도 못 쓰고 보상도 못 받는 근로자들이 부지기수였다.

이상은 현실과 힘겨운 줄다리기를 하고 있다.

제도의 변화는 현실의 간교함을 따라잡기에 역부족이었다. 대개는 현실이 이상을 이겼다. 그런데 민주는 종이에 찍혀 나온 자신의 휴가 일수가 이상했다.

"정 대리님. 제 연차휴가 일수가 이상한데요. 제가 이 회사에서 5년을 근무하고 올해 6년차니까 연차휴가가 17일인데…… 8.5일로 돼 있어서요."
"이 대리님이 지난해 육아휴직을 6개월 사용해서 그걸 감안한 거예요. 원래 17일인데 육아휴직을 쓰면, 그 기간은 연차휴가일수에서 삭감

암탉이 울면 나라가 망한다

을 하거든요. 17일×6/12=8.5일로요."

아직 정 대리가 근로기준법이 바뀐 줄 모른다는 게 놀라웠다. 아니, 신기했다. 그래도 인사팀에서 근무한 세월이 얼마인데……

연차휴가를 부여할 때는 출산휴가를 사용한 기간뿐 아니라 육아휴직을 사용한 기간도 출근한 것처럼 간주해야 한다.[16] 즉, 연차휴가일수를 그대로 부여해야 하는 것이다. 민주의 연차휴가일수는 그대로 17일이 돼야 했다. 육아휴직도 출근한 것으로 간주해서 그대로 연차휴가를 부여해야 한다. 단, 연차휴가부여 시 육아휴직도 출근한 것으로 간주한다는 조항은 2018년 5월 29일자로 시행되고 있으므로 2018년 5월 29일자 이후에 시작한 육아휴직에 한한다.

정 대리에게 법조문을 보여주자 당황하는 기색이 역력했다. 근로기준법을 개정한 이후에도, 육아휴직을 사용하고 복귀한 근로자들의 연차휴가를 삭감해 온 모양이었다. 그런데도 문제를 제기한 사람들이 없었단다.

무관심인지 무지인지 혹은 두려움인지
알 수 없는 일이었다.

***

터덜터덜, 하루의 끝을 향해 걸어가며 민주는 엄마를 떠올렸다. 엄마도 이런 삶의 여정 속에서 지금의 나처럼 힘겹게 한 걸음씩 옮겼겠구나, 생각하니 미안했다. 눈물이 났다. 이제는 엄마에게 미안하다는 말조차 할 수 없었다. 그게 더 미안했다.

　하늘은 무심하게 빛나고 있었고, 엄마의 얼굴같이 밝고 슬픈 보름달이 휘영청 민주의 위에 머물러 있었다.

연차휴가가
기본 26일이라니!

"뭐라고? 주은 씨? 연차휴가수당을 달라고? 줬잖아. 연차휴가수당!
다른 팀에서 근무한 기간까지 합해 우리 회사에서 딱 1년을 근무했지?
그래서 연차휴가수당 15일분 챙겨 줬잖아? 퇴직금도 지급했고. 깔끔하
게 정리한 거 아니었나?"

정 대리의 목소리가 커지는 경우는 두 가지였다. 자신이 있거나 자기
보다 약하거나. 다른 팀원들이 다 들으라는 듯 큰소리로 전화기 너머 어
딘가에 있을 주은 씨에게 정 대리는 알량한 권력을 과시하고 있었다. 회
사에서 딱 1년 근무하고 나간, 기간제 노동자 주은. 정 대리보다 약한 존
재였다.

자신이 지나치면 교만이 되고
교만이 지나치면 무지가 된다.

자신의 무지를 드러내지 않으려면 겨자씨 같은 사소한 질문 앞에서도 겸손해야 한다. 하지만 정 대리는 자신의 무지를 동네방네 떠들고 있었다. 기간제 근로자의 정중한 질문 앞에 정 대리는 겸손을 몰랐다.

오히려 주은 씨에게 윽박질렀다. 네 까짓 게 뭐라고 중견기업의 정규직을 귀찮게 하냐는 말투였다.

'실력도 쥐뿔 없으면서. 자기 부모 백으로 들어온 주제에. 참 가지가지 한다.' 민주는 생각했다.

***

"정 대리, 무슨 일이야? 주은 씨가 뭐라 그래?"

통화를 끝내고, 자기 분을 못 이겨 씩씩거리고 있는 정 대리에게 팀장이 조심스레 말을 건넸다.

"우리 회사가 연차휴가수당을 덜 지급했대요. 11일분 더 줘야 한다고."
"응?"
"지급 안 하면 노동부에 찾아갈 거라고."
"그거 정 대리가 깔끔하게 정리하지 않았어? 주은 씨가 갑자기 왜 그러는 거야?"
"자기도 법이 바뀐 걸 몰랐는데 누가 주은 씨한테 연차휴가수당을 더 받을 수 있다고 얘기했나 봐요."

　정주은. 2017년 6월 1일부터 2018년 5월 31일까지 일한 기간제 노동자. 교육팀에서 3개월간 근무했고 바로 이어서 인사팀의 민주가 출산휴가와 육아휴직으로 비운 자리를 대신했다. 맡겨진 일은 무난하게 처리하는 정도라고 했다. 1년간만 계약한 기간제 노동자에게 더 이상의 충성심을 바라는 것은 탐욕이겠지. 민주는 생각했다.

　교육팀과 인사팀은 다른 팀이었지만 같은 회사에서 1년을 이어서 근무했다.

　"아, 그래서 우리 회사가 퇴직금 지급했잖습니까? 팀장님. 그 친구 보기보다 욕심이 많네요. 연차휴가수당도 한 번 찔러 봤을 겁니다. 제가 알아서 처리할 테니까 팀장님은 염려하지 마세요."

　'기간제 근로자가 확신도 없이 곧 대기업이 될 거대한 중견기업을 찔러 봤다?'
　팀장은 뭔가 찜찜했다. 정 대리의 자존심이 상하지 않도록 팀장은 조용히 민주를 호출했다.

　민주도 이런 식으로 정 대리와 자꾸만 엮이는 게 싫었지만, 사회생활이란 게 다 그런 거라며, 스스로 위로할 수밖에 없었다. 거대한 거미가 풀어놓은 거미줄에 걸린 것처럼 모든 관계들이 얽히고설켜 있었다. 빠져 나오려고 허우적대다가 결국은 포기하고 내려놓게 된다. 때론 친구가 되기도 하고 때론 적이 되기도 했다. 한 번 깨어진 관계는 회복되기 쉽지 않았다. 정 대리와는 그저 공식적인 관계를 맺고 있을 뿐이었다. 어떠한 인간적인 호감도 느낄 수가 없는 사이였다.

"연차휴가, 정 대리 말 믿어도 되는 거야?"

"……"

"정 대리가 또 실수한 거지? 그렇지? 안 그래도 정신이 없어서 자잘한 실무는 정 대리한테 맡겨 둔 건데. 휴……"

정 대리의 실력만 탓할 수는 없었다. 사실 많은 사람들이 오해하고 있는 실무 이슈 중 하나였다. 2018년 5월 29일자로 연차휴가에 대한 개정 근로기준법이 시행된 건 정 대리도 알고 있었다. 다만 디테일한 실무 지식이 부족했을 뿐이다.

> 그런데 실력은 눈에 보일 듯 말 듯한,
> 사소한 디테일의 차이에서 결정된다.

***

주은은 민주의 고등학교 후배였다. 회사를 소개해 준 것도 민주였다.

단지 아무 말도 하지 말라고, 일러두었다. 출산휴가를 신청할 때 굳이 사람 새로 뽑을 필요 없이 옆 팀에 있는 주은 씨를 우리 팀에서 이어서 계약하면 되지 않냐고 은근슬쩍 조언을 해 준 것도 민주였다.

"언니, 그런데 정 대리는 어떻게 회사에 들어왔대요?"
"왜? 관심 있어? 관심 갖지 마. 유부남이다."
"예? 그 진상을요? 언니는 잘 모르죠? 회사에 있는 비정규직들에게는 아주 유명해요. 쓰레기라고."

주은이 회사를 나가고 며칠 후에 만난 식사 자리에서 주은은 정 대리를 술자리의 안주처럼 질겅질겅 씹어댔다. 주은의 입을 통해 등장한 정 대리는 앞과 뒤가 달랐고, 낮과 밤이 달랐다. 팀장 앞에서의 모습과 비정규 노동자들 앞에서의 모습이 달랐다. 곧 대기업이 될 중견기업의 정규직 인사팀 대리라는 신분을 교묘하게 활용했다. 파견업체 콜센터 직원들과 관리자들에게도 그 명성이 높았다. 하지만 진실은 은폐되었다. 언젠가 승진하면 자신들의 생사여부를 결정할 수도 있는, 장래가 촉망되는 미래의 대기업 인사팀 직원이었다. 정 대리는 그 신분제도의 약점을 야비하게 활용하고 있었다. 동료들은 몰랐다. 민주는 정 대리가 괘씸했다.

"주은아, 너 정 대리한테 연락해서 연차휴가수당 더 달라고 해. 너 연차휴가수당 더 받을 수 있어. 우리 회사 입사할 거, 아니지?"

근속기간이 1년 미만인 노동자에게는 매월 개근할 때마다 1일의 연차휴가를 부여해. 그리고 근속기간이 1년이 되고 1년간 출근율이 80% 이상이면, 15일의 연차휴가를 부여해야 하고.[17]

민주는 마치 과거의 알바시절로 돌아간 듯 주은에게 차근차근 연차 휴가에 대해 설명해 주었다.

연차휴가의 개정(2018.5.29. 시행)

"그런데 언니. 그래서 회사에서 저한테 15일치 연차휴가수당 지급했어요. 1년 근무했다고. 그러면 되는 것 아니에요?"

"응. 더 받을 수 있어. 법이 바뀌었거든."

"네?"

"2017년 5월 30일 이후에 입사한 사람들은, 법이 바뀌었어. 정 대리가 그걸 정확하게 알 리가 없지."

"좀 더 자세하게 설명해 주세요, 언니."

"응응. 별로 어렵지도 않아. 예전에는 근속기간 1년이 될 때 발생한 15일의 연차휴가 속에 근속기간이 1년이 안 될 때 발생한 11일의 연차휴가가 포함됐거든. 1년 되기 전에 연차휴가를 쓰면 15일에서 쓴 휴가일수만큼 공제를 했어. 쉽게 얘기하면 2년 동안 연차휴가를 15일 쓸 수 있는 셈이었지. 그런데 이제 근속기간이 1년 되기 전에 발생한 11일의 연차휴가를 따로 줘. 1년 되기 전에 11개. 1년 될 때 15개를 따로 주는 거지. 즉, 2년 동안 연차휴가를 최대 26일 쓸 수 있는 걸로 바뀐 거지."

주은이 여전히 이해하지 못하는 것 같았다. 민주는 레스토랑의 비어 있는 부분에 종이를 놓고 그림을 그려 주었다. 때로는 말보다 그림 한 장이 더 많은 것들을 설명할 수 있다.

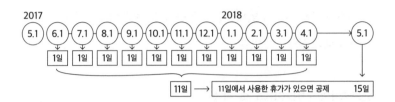

사례 1: 2017년 5월 1일 입사자

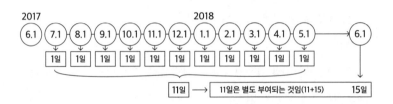

사례 2: 2017년 6월 1일 입사자

"그림 그려 주니까, 좀 이해가 되지?"

"그러면 1년 되기 전에 발생한 연차휴가 11일을 별도로 쓸 수 있는 거니까, 2년간 연차휴가를 26일을 쓸 수 있는 거네요? 그런데 저는 딱 1년 간 근무하고 나왔는데도 그게 적용되는 건가요? 5월 31일에 그만뒀잖아요? 딱 1년 될 때."

퇴직일의 개념

　아마도 정 대리는 퇴직일 개념을 정확하게 이해하지 못했을 거다. 연차휴가수당을 왜 주는지에 대한 판례법리도. 실력도 없으면서 열심히 공부하지도 않았다. 낙하산들의 특징 같았다. 여기서 무너져도 다시 자신들의 부모가 책임져 줄 거라는 미성숙한 아이 같은 믿음 같은 거랄까.

　"주은아, 연차휴가수당이잖아. 돈. 그치? 왜 그 돈을 주는 건지 생각해 봤어?"

　"열심히 근무했다고 보상해 주는 거 아닐까요?"

　"사실 휴식 그 자체가 인권이야. 휴식을 근무에 대한 보상이라고 생각하는 게 좀 이상하긴 하지만 어쨌든, 우리나라 법원에서는 네 말대로 보고 있어. 열심히 근무했으니까 유급으로 쉬게 해 주는 거라고 말이야. 그러면 15일을 유급으로 보상해 주는 건 무엇 때문인 걸까? 그다음 해에 일을 해야 하니까 주는 걸까? 아니면 1년 동안 수고했으니까 주는 걸까?"

　"아, 언니. 알겠어요. 제가 1년만 근무하고 나가더라도 1년 동안 근무한 거니까, 그 대가로 15일을 주는 거군요? 11일은 이미 발생한 거고요."

　"빙고!"

　주은은 고개를 갸우뚱했다.

　"그래도 언니 저는 5월 31일까지만 근무했잖아요. 그러면 6월 1일이 되기 전에 그만둔 거니까, 15일은 발생하지 않는 것 아닌가요?"

"그게 많은 사람들이 오해하는 내용이야. 5월 31일은 마지막 근로일이야. **네 퇴직일은 마지막 근로일의 다음날, 즉 6월 1일인 거지.**[18] 년 근속 기간 1년을 채운 거고. 마지막 근로일과 퇴직일 개념은 엄청 중요한 건데, 보통 인사팀 직원들도 모를 때가 많아. 이거 최근에 노동부에서 만든 자료야. 들고 가면 정 대리도 아무 소리 못할 거야."

민주는 1년간 근로계약을 체결한 노동자에게 며칠의 연차휴가가 발생하는지 설명하는 노동부의 자료를 주은에게 건네주었다.

그 자료조차 일반인들이 이해하기에 어려운 용어로 덮여 있었지만 민주의 설명을 듣고 나서 자료를 보자 대강 감이 잡혔다. 자료집에 나와 있는 문구가 선명하게 주은의 눈에 들어왔다.

> 법 개정에 따라 1개월 개근 시 1일씩 발생하는 유급휴가도 별도로 인정되는 만큼, 개정법 시행 이후 1년 기간제노동자의 계약기간이 만료되는 경우 최대 26일분의 미사용수당을 지급하여야 함. (고용노동부, 〈개정 근로기준법 설명자료〉, 2018.5.)

***

정 대리는 이후에도 자신만의 논리를 들이대며 주은의 정중한 검토 요구를 묵살했다. 어쩔 수 없었다. 주은은 노동부의 설명자료를 들고 회사에 나타났다.

"대리님, 제 퇴직일은 2018년 6월 1일입니다. 그리고 개정된 근로기준법에 따라 1년 미만일 때 발생한 연차휴가 11일, 1년 근무 후 발생한 연차휴가 15일이 별개로 발생되고요. 이거 제가 억지 쓰는 거 아닙니다. 노동부 자료라고요. 법원 판례에 따른 해석이기도 하고요."

노동부의 조사 때문에 이전에 인사팀장이 경질된 마당에 다시 노동부의 조사를 받으러 갈 수는 없었다. 정 대리의 기안으로 다시 연차휴가 수당을 지급했다. 팀장은 인사 담당 이사 앞에서 온갖 욕을 바가지로 먹었다.

이사실에서 나온 박 팀장은 누가 들으라는 건지 알 수 없어도 큰소리로 외쳤다.

"야! 앞으로 기간제 전부 다 11개월로 체결해! 알겠지?"

권리가 회복된 줄 알았는데, 다시 아래로 고통이 전가되었다. 위로 향해야 할 요구들이 쓰나미처럼 아래로 흘러갔다.

인간이 사라진 법(法)은 잔인하고 냉정했다.

물이 아니라, 칼 같았다.

연봉에
다 포함돼 있다고요?

민주는 부끄러웠다. 계약서의 초안은 민주의 손끝에서 나왔다. 변명해 봤자 스스로 초라해질 뿐이었다.

"이 대리, 우리 회사 연봉 계약서 한 번 검토해 줘. 이사님이 인건비를 절감하는 방향으로 고쳐 보래."
"네? 그런 중요한 걸 저보고 하라고요?"

너무 당황한 나머지 순간적으로 본심이 튀어나왔다. 팀장은 어이가 없다는 듯 고개를 절레절레 흔들며 민주에게 말했다.

"그럼 이 나이에 내가 하리?"

진지하게 문제를 제기해도 팀장은 쌍팔년도 개그로 넘기곤 했다. 대화를 할 생각이 없다는 걸 에둘러 얘기하는, 팀장만의 표현 방식이었다. 업무상 명령이니 대들 생각은 애당초 접어 두라는, 그만의 오래된 노하우였다.

"내가 이 대리니까 맡기는 거지. 누구한테 이 중요한 걸 맡기겠어?"

휴게실에서 팀장은 민주를 달랬다. 틀린 말은 아니었다. 민주가 생각할 때 솔직히 정 대리나 김 과장이나 다 능력이 없었다.

정상적으로 채용심사를 했으면 정 대리가 입사할 수 있었을까? 불가능했을 거다. 정 대리가 해야 할 일도 민주가 대신할 때가 많았다. 팀장은 정 대리를 믿지 못했다.

김 과장은 차라리 대리일 때가 좋았다. 페이퍼 작성은 깔끔했지만 문제는 그것밖에 못했다. 중간 관리자가 갖추고 있어야 할 리더십이 없었다. 과장이 되어서도 줄 간격과 폰트 크기만 보고 있었다. 기획력 없이 문서 편집 능력만 충만했다. '차라리 편집이나 교열 업무를 했으면 더 탁월한 능력을 발휘했을 텐데'라는 생각도 들었다. 팀장은 민주에게 이 일을 맡길 수밖에 없었다. 팀장 스스로를 위한 업무 분장이었다.

***

바로 사무직 노조의 항의가 들어왔다.

연봉에 다 포함돼 있다고요?

"이사님, 이거 뭐 하자는 겁니까? 포괄임금계약이요? 이거 수당 안 주는 계약이잖아요?"

민주도 싫었다. 그런 계약이 자기 손에서 만들어졌다는 게 괴로웠다. 노조 위원장의 말은 정확했다. 연장근로를 시켜놓고 돈은 더 주지 않겠다는 계약이 바로 포괄임금계약이었고, 민주의 손으로 그 계약서를 만들었다. 팀장이 원망스러웠다. 하지만 목구멍이 포도청이었고 그게 인사팀의 숙명이었다. 자신의 능력이 회사에서 오염되고 있었다. 자랑스럽지 않았다. 부끄러웠다. 자기 손에 피를 묻히지 않은, 무능력한 정 대리와 김 과장이 차라리 부러웠다.

계약의 모양은 단순했다. 하지만 그 깨끗한 여백의 미소에 속으면 안 된다. 근로계약서의 단순함은 사용자의 재량권을 극대화시킨다. 근로계약서에 근무 장소와 업무내용이 없다는 것 자체가 사용자의 권한이라는 걸 의미했다. 근로계약서가 단순할수록 회사의 힘은 커진다.

먼저 연봉을 정한다. 그리고 연봉을 18로 나눈다. 12는 기본급으로 지급하고 6은 매 짝수월에 상여금으로 지급한다는 문구가 있다. 상여금은 상여금 지급일에 재직 중인 경우에만 지급하며, 지급일 이전 퇴사한 경우에는 지급하지 아니한다는 문구가 별 의미 없는 문장인 양 무심히 적혀 있다. 하지만 그 문구는 상여금을 통상임금(연장근로수당을 지급하기 위한 기준 임금)에서 제외시키기 위한 결정적 문구였다. 그래도 여기까지는 일반적인 연봉 계약서의 모양새를 띠고 있었다. 그런데 연봉 밑에 당구장 표시가 찍혀 있었다. ※ 표시가 나오면 일단 의심해야 한다. 출생의 비밀과도 같은, 무언가가 숨어 있다는 표시다.

　　※ 연장·야간·휴일근로수당 등이 포함되어 있는 금액임.

민주는 계약서를 설계하면서 드라마의 한 장면이 떠올랐다. 〈파리의 연인〉이었던가. 극 중에서 배우 이동건이 김정은에게 "이 안에 너 있다" 라고 말했었지.

딱 그 장면이 떠오를 수밖에 없는 계약이었다.

　　"이(연봉) 안에 너(연장근로수당) 있다."

　　　　　　　　　　***

사실 민주는 포괄임금계약을 반대했다.

"팀장님, **연장근로를 했으면 별도로 수당을 줘야지요.**[19)] 노동계에선 포괄임금계약을 과로의 주범으로 본다고요. 노조에서 이런 계약 보면 가만있을 것 같습니까? 왜 시대를 거꾸로 가려고 하세요?"

틀린 말은 아니었다. 포괄임금계약은 대한민국을 OECD 최장 노동시간 2위의 나라를 만든 합법적인 괴물이었다.

'멕시코는 도대체 어떻게 일을 하기에 1위가 된 거지? 우리나라를 이기다니. 대단하다, 대단해.'

동병상련의 느낌이었을까? 민주는 잠깐 멕시코가 떠올랐다. 연장근로를 했다고 하더라도 회사는 추가적인 임금을 지급하지 않았다. '이 속에 너 있다'는 이유였다. 이미 당신의 연봉 속에 연장근로수당이 포함돼 있고, 그 계약서에 당신이 사인을 하지 않았냐며 오히려 회사가 역정을 냈다. 그 계약을 바로 민주가 설계했다. 업무상 명령에 따른 것이었지만 자괴감이 느껴졌다. 부끄러웠다.

포괄임금계약이 처음부터 괴물은 아니었다. 포괄이는 나름대로 합리적인 아이였다. 출생은 순수했고 본적지도 확실했다.

실제로 몇 시간 노동을 했는지 파악이 안 되는 업무들도 있다. 몇 시간 일을 했는지 알 수가 없으니 연장근로수당도 정확하게 지급하기 어려웠다. 그래서 어쩔 수 없이 그냥 퉁치고 연장근로수당을 지급하기로 한 계약이다. 그런데 이 순진한 포괄이 안에 욕심이가 들어갔다.

이 세상의 모든 근로계약을 지배하고 싶어지기 시작했다. 포괄이의 욕심은 여러 사람을 과로로 이끌었다. 때로는 사람들을 죽음으로 이끌었다. 포괄이는 브레이크 없는 폭주 기관차처럼 노동현장의 구석구석을 물들이기 시작했다. 인건비가 유일한 가치였던 회사는 포괄이가 내민 달콤한 유혹을 이겨낼 수 없었다. 결국 포괄이의 욕심이 모든 근로계약을 밀어냈다. 포괄이는 근로계약의 왕이 되었다. '포괄임금'이라는 칭호를 부여받은, 근로계약의 새로운 왕으로 등극했다.

왕이 된 포괄임금은 거칠 것이 없었다. 실제로 근로시간 산정이 가능한 업무마저도 포괄임금이 지배했다. 사법부는 무엇에 홀린 것처럼 포괄임금의 은밀한 욕망을 실현해 주었다. **근로시간 산정이 가능하더라도 계산의 편의를 위해 포괄임금계약을 체결할 수 있다는 판결을 내렸다.**[20]

포괄임금은 노동현장 어디에나 존재하는 신과 같은 존재가 되었고, 우리 산업현장 전체를 순식간에 자신의 왕국으로 편입시켰다. 특히 스타트업이나 IT 관련 사업, 수많은 사무직들이 포괄임금의 희생양이 되었다. 며칠간 야근을 해도 임금은 동일했다. 이미 포괄임금이 밤의 시간을 지배하고 있었다. 모든 연장, 야간, 휴일 근로수당을 포괄임금이 흡수해 버렸다. 노동자들의 피와 땀을 마지막 한 방울까지 쪽쪽 빨아먹었다.

포괄임금은 그렇게 괴물이 되었다.

***

"이 계약서, 이 대리가 만들었다면서? 이 대리 그렇게 안 봤는데, 역시 초록은 동색인 건가?"

　노조 사무국장이 회사 로비에서 마주친 민주에게 날카로운 비수를 날렸다. 그나마 편하게 얘기를 나눴던 노조 간부였다. 아팠지만 할 말이 없었다. 틀린 말도 아니었다. 자신의 의지와 관계없이 만들었다 소리친들 무슨 의미가 있을까. 구차한 변명처럼 들릴 거다.

"네."

　민주는 가볍게 목례를 하고 서둘러 자리를 떴다.

"이제는 적이 됐구나."

　민주는 중얼거렸다.

***

　고작 2년밖에 되지 않은 일인데도 민주는 노조 사무국장의 눈빛을 잊을 수 없었다. 경멸과 동정이 동시에 녹아 있는 듯했다.

하지만 눈빛만으로 냉혹한 현실을 이길 수는 없었다.

사무직 노조는 조합원 수도 많지 않았다. 모래알 같은 화이트칼라 중심의 노조는 성과급 체계의 위협 앞에서 순식간에 무너져 내렸다. 포괄임금계약을 반대하던 노조 위원장과 사무국장은 여러 가지 이유로 해고됐고 바로 법원의 소송으로 이어졌다. 그 거대한 소용돌이 속에 민주는 깊숙이 들어와 있었다. 자신의 의지는 아니었다. 하지만 포괄임금계약을 설계한 원죄에서 자유로울 수는 없었다.

***

분위기가 조금씩 달라지고 있었다. 포괄임금이 지나치게 커 버렸다면서 뒤늦게 각 정당에서는 호들갑을 떨었다. 하지만 민주는 대수롭게 생각하지 않았다. 그저 선거철이 다가왔나 보다, 생각했다.

노동부에서는 포괄임금계약을 좀 더 철저하게 관리하겠노라고 거들었다. 하지만 어떤 게 정답인지 알 수 없는 모호한 단어들로 지침이 채워질 게 뻔했다. 현장에서는 생존의 문제였지만, 행정부에게는 그저 오와 열을 맞춘 페이퍼 작성의 문제일 뿐이었다. 판례와 법률을 적당하게 짜깁기 한 페이퍼는 보기에는 좋았다. 하지만 현장에서는 그저 좋은 말들로 가득 찬 교장선생님의 훈화말씀과도 같았다. 재미도 없었고 감동도 없었다.

법원에서는 근로시간 산정이 가능한 업무라면 포괄임금계약을 인정하지 않겠다고 선고했다.[21] 늦은 감이 있지만, 법원이 포괄임금계약의 질주에 브레이크를 걸어서 그나마 다행이었다.

하지만 중요한 건 타이밍이다. 노동현장을 향한 입법과 정책과 판결은 항상 한 템포씩 늦었다. 이미 포괄임금은 상당한 열혈 신도를 거느리고 있는, 사이비 종교의 교주로 군림하고 있었다. 과연 스스로 진화한 이 괴물을 우리 사회가 제거할 수 있을까. 민주는 고개를 절레절레 흔들었다. 우리 사회에 대한 불만의 표현이기도 했고, 회사에서 이런 구조를 만드는데 일조한 스스로에 대한 분노의 표현이기도 했다.

밤 10시. 회사 로비를 걸어 나가며 휴, 민주는 깊은 한숨을 내쉬었다. 스스로가 쳐 놓은 야근의 덫에 걸려 그녀도 허우적댔다. 지하철은 여전히 피곤한 직장인들로 북적거렸고, 밤에 취한 지하철은 비틀거리듯 밤공기를 가르며 새벽으로 달려가고 있었다.

시간과 임금의
딜레마

　많은 사람들의 예상대로 민주는 동기 중에서 가장 빨리 과장 타이틀
을 취득했다. 가부장적인 풍토가 남아 있는 회사에서 여성, 그것도 출산
휴가와 육아휴직까지 갔다 온 여성 노동자가 제 시기에 승진하는 건 쉬
운 일이 아니었다. 하지만 일부 경쟁자를 제외하곤 과장 승진에 토를 다
는 동료들이 없었다. 그만큼 민주의 능력은 탁월했다. 기획력이나 페이퍼
작성 능력은 팀장조차도 감탄할 정도였다.

　"어이, 이 과장. 축하해. 내가 신경 써 준 건 알지?"

　박 팀장은 승진에서 탈락한 정 대리 앞에서는 위로의 말을 건넸고, 민
주의 앞에서는 은근히 공치사를 해댔다. 위선이라고 생각하지는 않았다.
그게 여러 부하직원을 둔 상사의 운명 같은 게 아닐까, 라고 민주는 생각
했다. 팀장이 민주를 특별히 추천한 것도 사실이었다. 일 잘하는 부하직
원에 대한 특별관리 같은 거라고나 할까. 완전히 자기 사람으로 만들기

위한 사내 정치. 뭐, 그런 거였다.

승진 인사발령이 난 지 얼마 지나지 않아, 회사는 사원-대리-과장-차장-부장으로 되어 있는 5단계 직급체계를 내후년부터 사원-선임-책임이라는 3단계 직급체계로 단순화한다고 발표했다. 이번 인사가 5단계 직급체계에서의 마지막 인사발령이었다. 과장이라는 직급의 무게가 느껴졌다. 하지만 그것보다는 그냥 기뻤다. 다른 직원들이 '과장님'이라고 불러주는 게 좋았다.

그러나 권력과 명예를 그냥 주는 회사는 없다.

과장 타이틀을 달자마자 마치 막혀 있던 둑이 터진 것처럼 민주에게 일감들이 밀려들었다.

"이 과장. 이제 우리도 근로시간을 좀 정비해야 할 것 같아."

"근로시간 단축 관련해서요?"

"그렇지. 우리 회사가 1주 40시간에다가 12시간 연장근로가 바로 적용되는 회사잖아. 다른 건 큰 문제가 없을 것 같은데 영업팀이나 해외판촉팀은 아직도 다른 회사 눈치만 보고 있는 상황이야. 커피타임이나 퇴근 시간도 어떻게 관리해야 할지 제도화해야 하고. 여기, 이건 김 과장이 만든 자료야. 참조해."

"언제까지 보고 드리면 될까요?"

"ASAP(as soon as possible 가능한 한 빨리)으로, 그리고 CC(메일을

보낼 때 수신인 이외의 참조인)는 넣지 말고 바로 나한테 넘겨줘. 알고 있지? 중요한 거니까, 대외비 유지하고."

"네, 알겠습니다."

박 팀장은 김 과장을 믿지 못했다. 김 과장이 만든 페이퍼를 보니 팀장이 이해됐다. 김 과장의 역량으론 감당할 수 없는 일이었다. 바뀐 근로기준법의 핵심이 무엇인지 전혀 파악이 안 된 페이퍼였다. 1주[22]의 의미도, 법정근로시간의 의미도 모른 채, 페이퍼는 여러 신문기사를 요약해 놓은 듯 뒤죽박죽이었다. 혹 김 과장도 낙하산이 아닐까 의심할 정도로 엉망진창인 보고서였다. 이걸로 보고를 했다간 박 팀장이 이사에게 깨질 게 뻔했다. 김 과장이 기분 나빠하더라도 어쩔 수 없는 일이었다. 팀장은 이제 막 과장 직급을 얻은 민주에게 이 일을 맡길 수밖에 없었다.

1주가 7일이란 건 초등학생도 알 텐데…… 민주는 냉소를 법조문에 날려 보냈다. 1주가 7일이라는, 너무나 상식적인 사실을 법조문으로 집어 놓은 건 노동부의 원죄 때문이었다. 노동부는 개정된 법이 시행되기 전까지는 1주를 5일(정확히는 휴일을 제외한 소정근로일수)이라고 해석했다. 사실상 장시간 노동에게 면죄부를 주는 해석이었다. 근로기준법은 과거나 지금이나 **1주에 12시간을 한도로 연장 근로할 수 있다고 규정하고 있다.**[23]

그런데 1주를 5일로 해석하면 1주에 12시간 연장근로와는 별개로 토요일과 일요일에도 휴일근로가 가능해진다. 1주(5일)의 근로시간은 40시간이고 1주(5일)에 12시간까지 연장근로를 할 수 있으므로, 1주(5일)의 바깥에서, 휴일로 지정되어 있는 토요일과 일요일에는 별도의 휴일근로가 가능하다고 해석한 것이다. 노동부의 해석에 따르면 우리나라의 1주 근로시간 최대한도는 68시간이다.

68시간=(5일) 법정 40시간+(5일) 연장 12시간+(토요일) 휴일 8시간
+(일요일) 휴일 8시간

이렇듯 노동부가 1주의 의미를 5일로 해석하자 우리나라는 곧바로 1주 노동시간 68시간의 나라가 되었다. 장시간 노동을 통한 생산성 확보가 우리 노동현장의 철학이 되었다.

**68시간이 사실상 기본노동시간으로 변질되었고,
연장근로수당은 노동자의 기본급이 되어 버렸다.**

연장근로를 하지 않으면 임금이 줄어들었다. 오히려 노동조합이 연장근로를 사용자에게 채근하는 황당한 상황도 벌어졌다. 시간과 임금은 떼려야 뗄 수 없는 공생관계였고, 단순하지만 이해하기 어려운 이상한 함수와도 같다. 하지만 **2018년 7월 1일부터 근로자 300인 이상 사업장에선 1주가 휴일을 포함해서 7일이 된다.**[24] 거기에 따라서 최장 근로시간도 68시간이 아니라 52시간이 된다.

52시간=(7일) 법정 40시간+(7일) 연장 12시간

그리고 52시간을 넘겨서 근로를 시킨 사용자에게는 법상으로는 2년 이하의 징역, 2천만 원 이하의 벌금이라는 벌칙조항이 기다리고 있었다.

***

민주의 회사도 시간과 임금이라는, 단순하지만 어려운 함수관계를 둘러싸고 갈등이 불거지고 있었다. 노동조합의 사무실 앞에는 '임금 삭감 없는 노동시간 단축을!'이라는 큰 현수막이 걸려 있었다.

"야, 저것들, 물 만났네, 물 만났어. 일을 적게 하면 임금도 떨어지는 게 당연한 거지. 저게 말이야, 된장이야?"

회의실로 이동하는 도중에 인사노무 담당 이사가 박 팀장을 돌아보며 말했다. 노동조합의 입장 따윈 무시하라는 말이었다.

***

"사실상 영업팀 임금은 1주 60시간 베이스로 설계돼 있습니다. 1주 52시간 베이스로 임금체계를 설계하면 1주에 8시간, 한 달로 따지면 약 32시간분의 임금 삭감이 예상됩니다."

"그러면 임금이 얼마나 다운되는 거지?"

"직급이나 호봉에 따라 다르긴 하지만 평균적으로 한 달에 50만 원 정도 떨어질 것 같습니다."

"음. 내가 영업팀 직원이라도 따질 만하네. 그렇지?"

"네, 이미 생활패턴이 60시간치 임금에 맞춰져 있을 테니까요. 게다가……"

"응?"

"52시간에 맞추려면 바이어 접대하는 시간도 근로시간에서 빼야 합니다. 영업 팀장에게 접대 시간에는 업무지시를 하거나 결재를 하지 않도록 미리 주의를 줘야 합니다. 그건 팀장님께서 좀 얘기하셔야 할 것 같아요."

"허 팀장, 또 부하직원들 있는 데서 고래고래 소리 지르겠군. 나는 할 만큼 했다, 보여 줘야 할 테니까."

박 팀장은 평소보다 2, 3초 더 긴 한숨을 내쉬었다.

"결국 우리 팀만 엄청 욕먹게 생겼네. 뭐, 그게 인사팀의 숙명이지만 말이야."

"그럼 그냥 이렇게 기안 올릴까요? 연장근로 12시간으로 하고, 연장근로 감소분은 회사가 보전해 주지 않는 걸로요?"

"그렇지, 뭐. 우리가 무슨 힘이 있냐? 아, 보전이라는 용어는 쓰지 마. 연장근로시간이 줄어들면 임금 안 주는 게 당연한 거니까. 법에 맞춰 근로시간 운영하고 법적으로 정확하게 연장근로수당을 지급하는 거야. 괜히 이상한 말 썼다간 우리만 욕먹어. 문장 조금만 더 가다듬고, 예상 임금 감소분 좀 더 정확하게 계산해서 다시 한번 보자. 알겠지?"

"네, 알겠습니다."

***

여기저기서 마찰음이 들려왔다. 며칠이 지나자 저 멀리서 영업 팀장의 고함소리가 들려왔다.

"박 팀장, 영업해 봤어? 바이어 접대 안 하고, 영업할 수 있을 것 같아? 그런데, 뭐? 그 시간은 근로시간으로 인정할 수 없으니까 결재하지 말라고? 지금 장사를 하라는 거야? 말라는 거야? 해외영업팀은 또 어떻게 할 거냐고? 책상머리에 앉아서 페이퍼만 작성하고 있으니까 영업팀이 우습게 보이는 거야, 뭐야?"

하지만 그걸로 끝이었다. 부하직원에게 보여 주기 위한 면피용 멘트였을 뿐이다. 허 팀장도 임원들 앞에선 입에 자물쇠라도 걸어 잠근 듯 불만을 속으로만 삭일뿐이었다.

우리 사회를 단단히 둘러싸고 있는
장시간 노동이라는 껍질을 깨기 위한
조그마한 움직임이 시작되고 있었다.

집으로 돌아오는 길에 민주는《데미안》의 한 구절이 떠올랐다.

"새는 알을 깨고 나오려고 투쟁한다. 그 알은 세계이다. 태어나려고 하는 자는 누구나 하나의 세계를 깨뜨리지 않으면 안 된다."

민주는 머릿속이 복잡해졌다. 이런저런 생각들이 민주의 머릿속을 헤집고 다녔다.

'그래. 또 다른 세계로 나아가기 위해서는 껍질을 깨야 해. 상처를 입겠지. 두렵기도 하겠지. 껍질 속에 있는 게 더 좋지 않을까 하는 후회도 들겠지. 차라리 장시간 노동을 하며 임금 더 받는 게 좋았을 텐데 라는 아쉬움도 남겠지. 그런데 어차피 연장근로수당이 기본급화돼 있는 상황이라면, 시간이 줄어들더라도 임금을 보전해 줘야 하지 않을까? 적어도 우리 회사 정도라면 그 정도는 해 줄 수도 있지 않나?'

논리도, 맥락도 없는 생각들이 민주의 뇌 구석구석을 자극하고 있었다. 혼란스러웠다. 그 혼돈의 한가운데에 자신이 있다는 게 싫었다. 자신의 생각을 주장할 수도 없었다. 그저 팀장의 지시에 따라 예쁜 기안문을 찍어낼 뿐이었다. 남편의 일자리마저 불안정한 상황에서 다른 선택지가 없었다.

역사의 큰 줄기를 바꿀 수는 없을 거야. 그나저나 이런 혼란스러운 상황 속에서 나는 어떻게 살아야 하는 걸까? 제대로 살고 있는 걸까?

민주도 박 팀장처럼 평소보다 약 2, 3초 긴 한숨을 내쉬며 집으로 걸어갔다. 그 긴 한숨소리만큼 민주의 생각도 길어지고 있었다.

하루가 길었다.

미주 1) **근로기준법 제54조(휴게)**

① 사용자는 근로시간이 4시간인 경우에는 30분 이상, 8시간인 경우에는 1시간 이상의 휴게시간을 근로시간 도중에 주어야 한다.

2) **근기법 제50조(근로시간)**

③ 제1항 및 제2항에 따른 근로시간을 산정함에 있어 작업을 위하여 근로자가 사용자의 지휘·감독 아래에 있는 대기시간 등은 근로시간으로 본다.

3) 근로계약서를 서면으로 작성하여 교부하지 않은 자는 500만원 이하의 벌금에 처하며(근로기준법 제114조), 기간제나 단시간 근로자의 경우 근로조건을 서면으로 명시하지 아니한 자는 500만원 이하의 과태료에 처한다. (기간제 및 단시간 근로자 보호 등에 관한 법률 제24조 제2항)

4) 단시간근로자 표준근로계약서(200쪽 참고)

5) **근로자의 날 제정에 관한 법률**

5월 1일을 근로자의 날로 하고, 이 날을 「근로기준법」에 따른 유급휴일(有給休日)로 한다.

6) **근로기준법 제55조(휴일)**

사용자는 근로자에게 1주일에 평균 1회 이상의 유급휴일을 주어야 한다.

근로기준법 시행령 제30조(주휴일)

법 제55조에 따른 유급휴일은 1주 동안의 소정근로일을 개근한 자에게 주어야 한다.

근로기준법 제18조 단시간근로자의 근로조건

③ 4주 동안(4주 미만으로 근로하는 경우에는 그 기간)을 평균하여 1주 동안의 소정근로시간이 15시간 미만인 근로자에 대하여는 제55조와 제60조를 적용하지 아니한다.

7) 원래 매주 근로시간이 다른 경우에는 4주를 기준으로 1일의 소정근로시간을 평균 내야 한다. 분자에 단시간 노동자의 4주간의 소정근로시간을, 분모에는 통상근로자의 4주간의 일수를 넣어서 산정해야 하지만, 편의상 매주의 근로시간이 동일하다고 전제하였다.

8) 1주의 소정근로시간이 15시간 미만인 경우에는 주휴수당, 퇴직급여 등을 지급할 의무가 없다.

9) **근로기준법 제74조(임산부의 보호)**

⑦ 사용자는 임신 후 12주 이내 또는 36주 이후에 있는 여성 근로자가 1일 2시간의 근로시간 단축을 신청하는 경우 이를 허용하여야 한다. 다만, 1일 근로시간이 8시간 미만인 근로자에 대하여는 1일 근로시간이 6시간이 되도록 근로시간 단축을 허용할 수 있다.

⑧ 사용자는 제7항에 따른 근로시간 단축을 이유로 해당 근로자의 임금을 삭감하여서는 아니 된다.

10) 근로기준법 제74조 5항

11) 고용보험법 등에서는 우선지원대상기업이라고도 한다.

〈우선지원대상기업의 기준〉

산업 분류	상시 사용하는 근로자 수
1. 제조업	500명 이하
2. 광업	300명 이하
3. 건설업	
4. 운수업	
5. 출판, 영상, 방송통신 및 정보서비스업	
6. 사업시설관리 및 사업지원 서비스업	
7. 전문, 과학 및 기술 서비스업	
8. 보건업 및 사회복지서비스업	

산업 분류	상시 사용하는 근로자 수
9. 도매 및 소매업	200명 이하
10. 숙박 및 음식점업	
11. 금융 및 보험업	
12. 예술, 스포츠 및 여가관련 서비스업	
13. 그 밖의 업종	100명 이하

12) **근로기준법 제74조(임산부의 보호)**

① 사용자는 임신 중의 여성에게 출산 전과 출산 후를 통하여 90일(한 번에 둘 이상 자녀를 임신한 경우에는 120일)의 출산전후휴가를 주어야 한다. 이 경우 휴가 기간의 배정은 출산 후에 45일(한 번에 둘 이상 자녀를 임신한 경우에는 60일) 이상이 되어야 한다.

④ 제1항부터 제3항까지의 규정에 따른 휴가 중 최초 60일(한 번에 둘 이상 자녀를 임신한 경우에는 75일)은 유급으로 한다. 다만, 「남녀고용평등과 일·가정 양립 지원에 관한 법률」 제18조에 따라 출산전후휴가급여 등이 지급된 경우에는 그 금액의 한도에서 지급의 책임을 면한다.

13) **근로기준법 제74조(임산부의 보호)**

② 사용자는 임신 중인 여성 근로자가 유산의 경험 등 대통령령으로 정하는 사유로 제1항의 휴가를 청구하는 경우 출산 전 어느 때라도 휴가를 나누어 사용할 수 있도록 하여야 한다. 이 경우 출산 후의 휴가 기간은 연속하여 45일(한 번에 둘 이상 자녀를 임신한 경우에는 60일) 이상이 되어야 한다.

14) **[출산 전에 휴가를 분할사용할 수 있는 경우(근로기준법 시행령 제43조 참조)]**

1. 임신한 근로자에게 유산·사산의 경험이 있는 경우

2. 임신한 근로자가 출산전후휴가를 청구할 당시 연령이 만 40세 이상인 경우

당하지
않습니다

3. 임신한 근로자가 유산·사산의 위험이 있다는 의료기관의 진단서를 제출한 경우

15) **남녀고용평등과 일 가정 양립 지원에 관한 법률 제18조의2(배우자 출산휴가)**

① 사업주는 근로자가 배우자의 출산을 이유로 휴가를 청구하는 경우에 5일의 범위에서 3일 이상의 휴가를 주어야 한다. 이 경우 사용한 휴가기간 중 최초 3일은 유급으로 한다.

② 제1항에 따른 휴가는 근로자의 배우자가 출산한 날부터 30일이 지나면 청구할 수 없다.

16) **근로기준법 제60조(연차 유급휴가)**

⑥ 제1항부터 제3항까지의 규정을 적용하는 경우(※ 연차휴가를 의미한다) 다음 각 호의 어느 하나에 해당하는 기간은 출근한 것으로 본다.

1. 근로자가 업무상의 부상 또는 질병으로 휴업한 기간

2. 임신 중의 여성이 제74조제1항부터 제3항까지의 규정에 따른 휴가로 휴업한 기간(※ 출산휴가나 유사산휴가를 의미한다)

3. 「남녀고용평등과 일·가정 양립 지원에 관한 법률」 제19조 제1항에 따른 육아휴직으로 휴업한 기간

17) **근로기준법 제60조(연차 유급휴가)**

① 사용자는 1년간 80퍼센트 이상 출근한 근로자에게 15일의 유급휴가를 주어야 한다.

② 사용자는 계속하여 근로한 기간이 1년 미만인 근로자 또는 1년간 80퍼센트 미만 출근한 근로자에게 1개월 개근 시 1일의 유급휴가를 주어야 한다.

③ 사용자는 근로자의 최초 1년 간의 근로에 대하여 유급휴가를 주는 경우에는 제2항에 따른 휴가를 포함하여 15일로 하고, 근로자가 제2항에 따른 휴가를 이

미 사용한 경우에는 그 사용한 휴가 일수를 15일에서 뺀다. (※ 최초 1년간의 근로에 대한 연차유급휴가를 다음해 연차유급휴가에서 빼는 이 규정은 삭제되어 2018.5.29.자부터 1년차에 최대 11일, 2년차에 15일의 유급휴가를 각각 받을 수 있도록 개정된 법이 시행되고 있음)

18) 근로를 제공한 날은 고용종속관계가 유지되는 기간으로 보아야 하므로 별도의 특약이 없는 한 그 다음날을 퇴직일로 간주함. (2006.9.26., 임금근로시간정책팀-2862)

19) **근로기준법 제56조(연장 야간 및 휴일 근로)**

사용자는 연장근로(제53조·제59조 및 제69조 단서에 따라 연장된 시간의 근로)와 야간근로(오후 10시부터 오전 6시까지 사이의 근로) 또는 휴일근로에 대하여는 통상임금의 100분의 50 이상을 가산하여 지급하여야 한다.

20) 사용자는 근로계약을 체결함에 있어서 근로자에 대하여 기본임금을 결정하고 이를 기초로 시간외, 휴일, 야간 근로수당 등 제 수당을 가산하여 이를 합산·지급함이 원칙이라 할 것이나, 근로시간, 근로형태와 업무의 성질 등을 참작하여 계산의 편의와 직원의 근무의욕을 고취하는 뜻에서 근로자의 승낙하에 기본임금을 미리 산정하지 아니한 채 시간외 근로 등에 대한 제 수당을 합한 금액을 월 급여액이나 일당 임금으로 정하거나 매월 일정액을 제 수당으로 지급하는 내용의 이른바 포괄임금제에 의한 임금지급계약을 체결하였다고 하더라도 단체협약이나 취업규칙에 비추어 근로자에게 불이익이 없고, 제반 사정에 비추어 정당하다고 인정될 때에는 그 계약은 유효하다. (대법원 1997.4.25. 선고 95다 4056 판결)

21) 감시·단속적 근로 등과 같이 근로시간의 산정이 어려운 경우가 아니라면 달리 근로기준법상의 근로시간에 관한 규정을 그대로 적용할 수 없다고 볼 만한 특별한 사정

이 없는 한 근로기준법상의 근로시간에 따른 임금지급의 원칙이 적용되어야 할 것

이므로, 이러한 경우에도 근로시간 수에 상관없이 일정액을 법정수당으로 지급하

는 내용의 포괄임금제 방식의 임금 지급계약을 체결하는 것은 그것이 근로기준법

이 정한 근로시간에 관한 규제를 위반하는 이상 허용될 수 없다. (대법원 2010.5.13.

선고 2008다6052 판결)

22) **근로기준법 제2조(정의)**

7. "1주"란 휴일을 포함한 7일을 말한다.

23) **근로기준법 제53조(연장근로의 제한)**

① 당사자 간에 합의하면 1주 간에 12시간을 한도로 제50조의 근로시간(※ 40시간

을 의미함)을 연장할 수 있다.

24) 1. 상시 300명 이상의 근로자를 사용하는 사업 또는 사업장: 2018년 7월 1일

2. 상시 50명 이상 300명 미만의 근로자를 사용하는 사업 또는 사업장: 2020년 1월 1일

3. 상시 5명 이상 50명 미만의 근로자를 사용하는 사업 또는 사업장: 2021년 7월 1일

단시간 근로자 표준근로계약서

_____(이하 "사업주"라 함)과(와)_____(이하 "근로자"라 함)은 다음과 같이 근로계약을 체결한다.

1. 근로개시일:　　년　　월　　일부터　　년　　월　　일까지
   ※ 근로계약기간을 정하는 경우에는 "　년　월　일부터　년　월　일까지" 등으로 기재
2. 근무장소:
3. 업무의 내용
4. 근로일 및 근로일별 근로 시간

	(　)요일	(　)요일	(　)요일	(　)요일	(　)요일
근로 시간	시간	시간	시간	시간	시간
시업	시 분	시 분	시 분	시 분	시 분
종업	시 분	시 분	시 분	시 분	시 분
휴게 시간	시 분 ~ 시 분	시 분 ~ 시 분	시 분 ~ 시 분	시 분 ~ 시 분	시 분 ~ 시 분

● 주휴일: 매주 __요일

5. 임금
   - 시간(일, 월)급:_____원(해당사항에 ○표)
   - 상여금: 있음(　　)_____원, 없음(　　)
   - 기타급여(제수당 등): 있음(　　)_____원(내역별 기재), 없음(　　)
   - 초과근로에 대한 가산임금률:_____%
   ※ 단시간근로자와 사용자 사이에 근로하기로 정한 시간을 초과하여 근로하면 법정 근로시간 내라도 통상임금의 100분의 50%이상의 가산임금 지급('14.9.19. 시행)
   - 임금지급일: 매월(매주 또는 매일)_____일(휴일의 경우는 전일 지급)
   - 지급방법: 근로자에게 직접지급(　　), 근로자 명의 예금통장에 입금(　　)

6. 연차유급휴가: 통상근로자의 근로시간에 비례하여 연차유급휴가 부여
7. 사회보험 적용여부(해당란에 체크)
   □ 고용보험　　□ 산재보험　　□ 국민연금　　□ 건강보험
8. 근로계약서 교부
   - "사업주"는 근로계약을 체결함과 동시에 본 계약서를 사본하여 "근로자"의 교부요구와 관계없이 "근로자"에게 교부함(근로기준법 제17조 이행)
9. 기타
   - 이 계약에 정함이 없는 사항은 근로기준법형에 의함

년　　월　　일

(사업주) 사업체명:　　　　　(전화:　　　　　　)
　　　　　주소:
　　　　　대표자:　　　　(서명)
(근로자) 주소:
　　　　　연락처:
　　　　　서명:

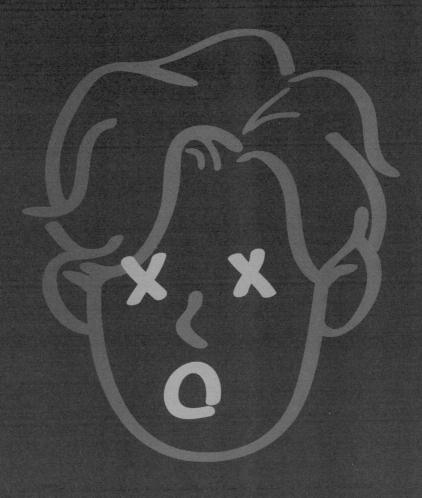

"귀하는 7월 1일부로 취업규칙 제10조 1항의 품위유지
의무를 위반하여 징계해고되었음을 알려 드립니다."

매일매일 악몽을 꿨다. 버티고 버텼다.
하지만 어쩔 수 없었다.
매일매일 지옥에 출근할 수는 없는 일이었다.

파리
목숨

　눈을 떠 봤자 보이는 건 곰팡이가 낀 절망스러운 천장뿐이었다. 창문을 열어 봤자 아랫집 아저씨가 피우는 역겨운 담배 냄새만 들어올 뿐이었다. 지나간 세월을 후회해 봤자 돌아오는 것은 자신에 대한 증오뿐이었다.

　항상 그랬다. 일어난다는 건 뭐랄까. 그냥 생물학적인 반응에 불과했다. 해가 뜨니까, 눈이 떠진 것뿐이다. 일어나기 싫었다. 그저 태양빛에 두 눈동자가 반응하고, 사람들이 오고 가는 시끄러운 소리에 귀가 움직였을 뿐이다. 그건 의지와는 관계없는 일이었다.

　언제부터인가 세상과 담을 쌓기 시작했다. 카톡에서 끊임없이 울려대는 알람이 감당할 수 없는 소음으로 느껴지기 시작했다. 명절에도 집에 내려가지 않았다. 바람도 싫었고 사람도 싫었다. 무엇보다 세상을 증오하는 자신이 싫었다.

민기는 꿈속에 있는 것처럼 멍한 상태에서 깨어나기 위해 찬물 한 바가지를 머리 위로 퍼붓는다. 갑자기 헤어진 여자 친구가 불현듯 떠올랐다.

"이제 우리 그만 만나."
"……"
"그게 좋을 것 같아. 괜찮지?"

괜찮을 리 없었다. 헤어지자는 이별 통보에도 민기는 덤덤했다. '누가나 같은 사람을 좋아할까' 민기의 자존감은 바닥으로 떨어져 있었다. 소리 낼 자신감조차 남아 있지 않았다.

***

점장과 싸우고 회사를 나온 이후, 민기는 힘겹게 나노라는 중소기업에 취업했다. 의료기기를 판매하는 회사였다. 권리를 몰랐다면 어땠을까.

권리를 주장하는 순간,
권리가 무너지고 사라졌다.

그냥 주는 것 받고, 히라는 것 하는, 그런 삶이었다면 어땠을까.

삶에 대해 외치는 순간,

삶이 부서지고 깨어졌다.

회사가 민기를 눈여겨본 건 5월 1일부터였다.

"팀장님, 내일 5월 1일이잖아요? 그럼 내일 안 나와도 되는 거죠? 회사에서 별 얘기가 없어서 확인해 보려고요."

팀장이 사장의 이종사촌인 걸 미리 알았더라면 좋았을 텐데…… 몇몇 요직에 사장의 친족들이 앉아 있다는 사실을 몰랐다. 회사는 사장의 친족들로 복잡하게 얽혀 있었다. 그들 사이에도 다툼이 있었다. 회사 안의 정치란 구석진 은밀한 곳에 기생하는, 누구나 짐작은 하고 있지만 함부로 얘기할 수는 없는, 눈에 보이지 않은 쥐새끼 같은 거였다. 팀장은 고수였다. 놀라는 눈치도 없었다. 눈을 몇 번 껌벅거렸다.

"민기 씨, 여기 중소기업이야. 무슨 대기업 직원처럼 얘기를 하네. 허허허."
"네? 아뇨, 그게 아니고요. 5월 1일이 노동절이잖아요. 그래서 여쭤본 건데……"
"그러니까, 여기 대기업 아니니까, 입 다물고 일하면 돼. 이상한 얘기 퍼뜨리지 말고!"

팀장의 낯빛이 변했다. 말투도 갑자기 싸늘해졌다. 민기는 주춤하며 뒤로 물러났다.

파리 목숨

"아, 예, 팀장님. 그냥 여쭤 본 겁니다. 궁금해서요. 알겠습니다."

팀장의 주위를 둘러싼 검은 기운에 눌려 민기는 한 발 물러날 수밖에 없었다. 그렇게 5월 1일에 대한 한 노동자의 권리가 사라져 갔다.

인사발령이 났다. 민기에게는 영업팀으로 가라는 명령이 내려졌다. 생각지도 못한 일이었다. 영업 같은 건 적성에 맞지 않았다. 하지만 명령이었다. 따를 수밖에 없었다.

***

연장근로와 휴일근로는 예사였고, 지방 출장도 잦았다. 이상하게 민기에게는 먼 지역 출장명령이 자주 떨어졌다. 이미 그는 회사의 블랙리스트에 올라 있었다.

"민기 씨, 조심해요. 이 회사, 3년 전쯤에 노조 만들려고 했던 사람들, 다 잘랐던 회사예요. 노조 만들려는 낌새라도 있으면 아예 싹을 잘라 버리는 회사예요. 그런데 총무 팀장이 최근에 민기 씨 뒷조사하는 것 같더라고요."

식사를 하면서, 동료 근로자가 슬쩍 회사 돌아가는 상황을 얘기해 주었다. 고마웠다. 한편으론 두려웠다. 노조를 만든 것도 아니고, 그저 5월

1일에 대해 물어봤을 뿐이었다. 휴대폰을 꺼내 자신의 이름으로 신문을 검색해 보았다.

'○○외식업체를 상대로 휴업수당을 주장한 아르바이트 노동자'라는 문구가 선명하게 두 눈 속에 들어왔다. 몇 년 전의 기사였지만 우리나라 인터넷 환경은 위대했다. 화면 속 상단에 자신의 이름이 선명하게 나와 있었다.

***

바이어를 접대하라는 명령이 떨어졌다. 민기는 접대가 싫었다. 상대방 비위 맞춰 주는 것도 적성에 맞지 않았다. 접대 장소로 가는 길이 지옥으로 올라가는 고행길 같았다. 괴로웠다. 그래도 목구멍이 포도청이었다. 고급 술집에서 접대를 하고 법인카드로 결제까지 마쳤다. 접대를 마치고 팀장에게 전화를 걸었으나 늦은 시간이라 그런지 팀장은 전화를 받지 않았다.

며칠 뒤 팀장이 민기를 불렀다.

"접대를 하라고 했지, 누가 술집을 가래? 그것도 법인카드로?"
"예? 그게 무슨 말씀이세요? 그건 팀장님께서 그렇게 명령하신 거잖아요?"
"내가 언제? 이 새끼. 질이 나쁜 놈이네. 나까지 끌어들이려고? 인사팀에서 너한테 사직서 받으래. 안 그러면 징계할 수도 있대. 알겠어?"

접대를 마치고 팀장이 전화를 받지 않은 이유를 알 것 같았다. 민기를 함정에 빠트린 것이었다.

"민기 씨, 그냥 사직서 내는 게 어때? 징계해고당하면 민기 씨 경력에도 허점에 생길 것 아냐? 어차피 이 회사 다니기 힘들어. 그냥 조용히 정리하는 게 좋을 거야. 이 회사 잘못 건드렸다간 다른 회사 취업하기도 힘들어. 블랙리스트, 없는 것 같지? 아냐, 그 리스트는 밤에만 돌아다녀. 캄캄해서 아무도 못 볼뿐이야. 말썽 피우고 나가면 이쪽 업종에선 발붙이기 힘들 거야."

팀장이 다시 조용히 민기를 불러서 얘기했다. 충고 같기도 했고, 협박 같기도 했다. 하지만 그는 버텼다. 조만간 여자 친구 집에 찾아가서 결혼에 대해 얘기하기로 했기 때문이었다. 힘들어도 버텨야만 했다. 그 이후 아무런 얘기가 없었다. 사건은 그렇게 끝나는 것 같았다.

한 달 뒤, 민기의 책상 위에 흰 종이 하나가 조용하게 놓여 있었다. 징계해고통지서였다.

"귀하는 7월 1일부로 취업규칙 제10조 1항의 품위유지 의무를 위반하여 징계해고되었음을 알려 드립니다."

7월 1일. 내일이었다. 여자 친구 집에 가서 인사를 드리기로 한 날이었다. 분노가 치밀어 올랐다.

"팀장님, 다음날 나가라고 하는 회사가 어디에 있습니까? 제가 무슨 파리입니까? 파리 목숨보다 못한 겁니까?"

"그러게, 내가 사직서 내라고 할 때 내면 좋았잖아. 실업급여도 받을 수 있게 처리해 준다고 했는데, 그 좋은 기회를 왜 스스로 차 버려!"

"좋은 기회? 이런 걸 좋은 기회라고 합니까? 알겠습니다. 회사가 잘랐으니까 나가야지요. 하지만 그냥 당하고 있지는 않겠습니다."

***

여자 친구 집에 가는 건 미뤘다. 직장도 없이 인사를 드리러 갈 수는 없었다. 민기는 노동위원회에 찾아가 **부당해고 구제신청**[1]을 했다.

한신이가 잘 아는 노무사 한 명을 소개해 주었다. 김 노무사라고 불렸다.

김 노무사는 이길 수 있을 것 같다고 했다. 하지만 아플 거라고 했다. 우리 사회의 잔인함에 몸 구석구석이 상처를 입을 거라고 했다. 그걸 견뎌내야만 부당해고 구제 명령서를 받을 수 있을 거라고 했다. 그리고 구제를 받았다고 하더라도 그 이후의 삶이 만만치 않을 거라고 했다. 솔직한 얘기가 고마웠다. 노무사라기보다는 투사 같았다. 김 노무사는 해고에 대해 민기에게 몇 가지를 설명해 주었다.

파리 목숨

해고의 서면 통지(5인이상 사업장)

"다른 건 볼 것도 없이, 이 해고는 무효라고 결정이 날 거예요."

"예? 어떻게 그렇게 단정하시죠?"

"김민기 주임님, 우리 근로기준법에서는 **해고를 하려면 그 사유와 시기를 서면으로 통지하도록 하고 있어요.**[2] 서면으로 통지하지 않으면 그 해고는 무효가 되지요."

"그런데 저는 해고 통지서를 서면으로 받았는걸요?"

"아, 그게 말이죠. 김 주임님을 징계 해고한 거잖아요? 그런데 해고통지서에는 취업규칙상의 조문만 나와 있지 **구체적으로 왜 징계 해고했는지 실제 사유가 안 나와 있어요. 그건 서면으로 통지하지 않은 걸로 인정하고 있어요.**[3] 우리 판례가요."

해고를 하기 위해서는 왜 해고를 하는 것인지, 구체적인 사유와 해고 시기를 서면으로 통지해야 했다. 해고를 서면으로 통지하지 않으면 그 해고는 무효가 됐다.

해고 예고(모든 사업장)

"그리고 해고를 하려면 미리 예고를 해 줘야 해요. 전혀 준비가 안 돼 있는 상황에서 해고를 하면, 당장 먹고 살 길이 막막해질 수도 있겠죠? 그래서 해고를 하려면 30일 전에 미리 예고를 해 줘야 해요."

"그런데 전 바로 다음날 해고한다는 통고를 받았어요."

"그러니까요. 참 잔인한 회사네요. **법적으로는 만약에 회사가 30일**

전까지 해고를 예고하지 않으면 30일분 이상의 통상임금을 지급해야 해요. 4)"

30일 전까지 해고예고를 하지 않거나, 30일분 이상의 통상임금을 지급하지 않은 경우, 사용자에게 2년 이하의 징역형이나 2천만 원 이하의 벌금형을 선고할 수 있었다. 김 노무사는 징역형을 받는 경우는 거의 없다고 했다.

"해고가 정당하다고 하더라도, 해고를 예고하지 않았으니까, 30일치의 통상임금은 받을 수 있어요. 그걸 해고예고수당이라고 해요."

해고예고를 하지 않아도 되는 예외조항도 있다고 했다. 5) 김 노무사는 당장 거기까지는 알 필요가 없다고 했다. 하긴 새로 배운 지식만으로도 머리가 터질 것 같았다. 왜 노동자로 살아가면서 이런 기초적인 권리조차 알지 못했던 걸까. 민기는 스스로가 한심하게 느껴졌다.

"그건 김 주임님 잘못이 아니에요. 배우지 않은 걸 어떻게 알 수 있겠어요. 노동자가 될 자들에게 노동자의 권리를 알려 주지 않은 우리 사회의 잘못이지요. 절대 자책하지 말아요. 김 주임 잘못이 아니에요."

해고의 정당한 이유(5인이상 사업장)

해고를 하려면 정당한 이유가 있어야 한다.[6] 그런데 김 노무사는 해고는 상식적으로 고용관계를 계속할 수 없을 정도의 사유가 있을 때 할 수 있는 것이므로, 이 정도는 **징계해고를 할 만한 사유는 되지 않는다**[7]고 했다.

"그리고 김 주임님 회사 취업규칙을 보니까 징계위원회가 구성돼 있던데. 징계위원회에서 소명은 하신 건가요?"

"아, 아뇨. 그냥 바로 다음날 나가라고 했어요."

"징계할 때 징계위원회를 거치도록 하는 규정이 있으면 징계위원회를 개최해야 돼요. 만약에 징계위원회를 열어서 김 주임님 소명을 듣지 않았으면 그 징계는 무효가 돼요."[8]

김 노무사는 법적으로는 질 수 없는 게임이라고 했다.

김 노무사의 예상대로 노동위원회는 민기의 손을 들어 주었다. 정당한 이유도 없고, 서면통지도 하지 않았다는 사실이 인정되었다. 노동위원회는 회사에게, 민기를 원직에 복직을 시키라는 명령과 함께 해고 기간 동안에 지급하지 않은 임금도 지급하라는 명령을 내렸다.

민기는 잠깐 동안 기뻤다. 하지만 대기업도 아니고, 노조도 없는 조그마한 중소기업에서 민기가 설 자리는 없었다.

민기는 복식되었다. 하지만 얼마 지나지 않아 또 한 번의 인사명령이 있었다. 이름조차 생소한 부서였다. 책상 하나에 의자 하나, 오래된 컴퓨터 하나, 낡아 빠진 전화기 하나가 민기의 앞에 놓여 있었다. 그 자리에서 판촉활동을 하라고 했다. 성과가 나지 않으면 대기발령을 하고, 그 이후에도 실적이 좋지 않으면 당연면직된다는 취업규칙의 조항을 들먹였다. 회사 직원들은 민기를 멀리 했다. 회사는 그렇다고 하더라도 직원들마저 등을 돌리는 현실이 괴로웠다. 물론 그들도 두려웠을 것이다. 두려움의 크기를 이길 만한 연대의 힘은 찾아볼 수 없었다. 회사의 날카로운 감시 속에서 노동자의 연대란, 모래 위에 서 있는 성처럼 약간의 바람에도 무너져 내렸다. 아무리 그래도 회사에서 혼밥을 먹게 될 줄은 몰랐다. 매일매일 악몽을 꿨다. 버티고 버텼다. 하지만 어쩔 수 없었다.

매일매일 지옥에 출근할 수는 없는 일이었다.

권리를 주장한 한 노동자에게 독한 사람이라는 딱지가 붙었다. 사장과 연결된 팀장들은 마치 귀찮은 파리 한 마리를 보는 것처럼 경멸의 눈빛으로 그를 바라보았다. 민기는 스스로가 파리처럼 느껴졌다. 동료들은 두려움의 크기를 이길 수 없었고, 민기는 외로움의 크기를 이길 수 없었다. 결국 '끝까지 인내'한 갑질의 승리였다. 광야에 홀로 서 있는, 을과 같은 존재가 할 수 있는 일이 없었다. 연대하지 않는 한 절대 이길 수 없었다. 결국 그 회사와의 인연은 막을 내렸다.

김 노무사의 예언대로 징계해고자라는 주홍글씨는 민기를 끊임없이 괴롭혔다. 동종업종에 다시 취업하는 것은 쉽지 않았다. 진로를 틀어야만 했다.

결국 민기는 공무원 시험을 보기로 결심했다. 각오는 산과 같았지만 조그마한 열매 하나조차 거두기 쉽지 않았다. 홀쩍 1년이 지나갔고 민기는 시험에 떨어졌다. 여자 친구와는 자연스레 멀어지고 있었다. 몸이 멀어지면 마음도 멀어진다는 말이 민기의 삶에서 실현되고 있었다. 하지만 여기서 멈출 수는 없었다. 다시 1년을 버티고 준비하기로 했다.

다시 지옥과 같은 회사에 들어가고 싶진 않았다. 노량진은 민기와 같은 청춘들로 바글거렸다. 사회는 공무원을 준비하는 청년들에게 꿈이 없다며 나무라고 있었다.

민기는 생각했다. 그들에게 필요한 건 손가락질이 아니라 따뜻한 위로다. 공무원 시험을 준비하는 건 그들에게 꿈이 없어서가 아니다. 그저 좋은 일자리가 없어서일 뿐이다. 좋은 일자리는 극히 소수의 노동자에게만 허락된다.

하긴, 그 양질의 일자리를 쟁취한 이들마저도
매일매일의 과로에서 허덕이고 있었다.

여자 친구와 헤어진 날, 민기는 노량진의 한 구석에서 컵밥 하나를 쥐고서 쭈그리고 앉았다. 파리 한 마리가 민기의 눈앞에서 날아다니고 있었다. 눈물 한 방울이 민기의 한 쪽 뺨을 타고 흘러내렸다. 밥알 한 알이 식도에서 내려가지 않은 채 민기의 마음 구석구석을 후벼 파고 있었다.

민기의 생일이었다.

노조가
빨갱이입니까

간절함만으로 되는 일은 아니었다. 민기는 공무원 시험에 연거푸 떨어졌다. 지구의 중력이 느껴졌다. 한 걸음조차 옮기기 쉽지 않았다.

"한신아, 나 한심하지? 너는 결혼도 하고, 회사에서도 승진도 하고, 이제 아이도 있고. 좋겠다. 나는, 내가 부끄러워. 얼굴을 못 들겠어."

"형, 왜 그래요? 형답지 않게. 지나갈 거예요. 이 시간도. 꿈처럼, 바람처럼."

"내가 그때 점장한테 대들지 않았으면 어땠을까? 그냥 헤헤 웃으면서, 점장이 입 다물고 가만히 있으라고 할 때, 가만히 있었으면 어떻게 됐을까? 그러면 내 삶이 좀 달라졌을까?"

"그러면 점장의 노예가 됐겠죠."

술에 취한 민기를 한신이 달랬다. 안쓰럽기도 하고 미안하기도 했다. 민기 형한테 권리를 말하지 않았다면 어땠을까, 한신은 생각했다. 괜히

한 사람을 부서지고 무너지게 만든 것은 아닐까. 한신은 입술을 굳게 다물고, 민기의 핏기 없는 얼굴을 그저 물끄러미 바라보았다.

스쳐 가는 바람결에 온갖 생각들이 흩날렸다.

***

민기는 공무원 시험을 접었다. 그리곤 개명을 했다. 문기. 벌써 몇 년의 시간이 흘렀지만 검색만 하면 알바계의 투사처럼 떠오르는 자신의 이름이 부담스러웠다.

결국 우여곡절 끝에 취업을 했다. 새빛서비스라는 회사였다. 에어컨, 냉장고, 세탁기 등 각종 전자기기를 수리하는 회사였다. 대기업인 새빛주식회사의 전자제품을 전담해서 수리하는 협력업체였다.

문기는 새빛서비스의 수리기사였다. 하청업체이긴 하지만 대기업의 그늘 밑에 있다는 생각에 왠지 모를 안도감이 느껴졌다. 하긴, 더 이상 물러설 곳도 없었다.

이제 문기에겐 법보다는 밥이 중요했고,
권리보다는 현실이 더 가까이에 있었다.

근로계약이니 취업규칙이니 하는 것들은 아예 보지도 않았다. 어차피 무엇 하나 할 수 없는 현실이란 걸, 문기는 알았다. 학습된 무기력이 문기

노조가 빨갱이입니까

의 삶을 지배했다. 그저 가라고 하면 갔고, 오라고 하면 왔다.

*　*　*

역대급의 여름 더위였다. 에어컨을 수리하기 시작한지 1분이 채 되지 않은 시간이었지만 몸 구석구석이 땀으로 가득 찼다. 선풍기라도 틀어 놓으면 좋으련만 집주인은 자기 쪽으로만 선풍기 한 대를 돌려놓고, 팔짱을 낀 채 매서운 눈초리로 문기를 묵묵히 지켜보고 있을 뿐이었다.

'한신이 말한 노예 같은 삶이란 게 이런 거겠지?'

그렇다고 더위에 지친 표정을 지을 순 없었다. 고객 만족도 평가 10점을 받아야 했다. 8점이나 9점 따위는 소용없었다. 오직 10점 만점이 필요했다. 지금 문기를 쩨려보고 있는 저 고객은 전화 한 통으로 자신의 삶과 죽음을 결정하는, 왕과 같은 존재였다. 자비로운 왕도 있었고 잔인한 왕도 있었다. 세상은 요지경이었다.

"이 제품은 왜 이렇게 고장이 자주 나는 거예요? 수리비를 받고 고쳤으면 제대로 고쳐 주셔야죠?"

'내가 이 제품을 만들었습니까? 나는 그냥 수리기사라고요! 그건 만든 회사에 따지세요'라는 말이 목구멍까지 차 올라왔다. 하지만 고객은 왕이었다. 문기는 미안하다는 표정으로 고객님의 심기를 풀어 드리기 위해, 불편하지 않을 정도의 엷은 미소를 띠면서 최선을 다해 수리하겠노라고 말했다.

요란한 매미들의 울음소리처럼 더위에 지쳐 망가진 기계들의 아우성이 여름 대목을 채웠다. 매미들의 울음소리의 데시벨 크기만큼 문기의 급여는 뛰었다. 매미소리가 유난히 컸던 그해 여름은 버틸 만했다.

하지만 얼마 지나지 않아 우렁찬 매미들의 고함소리가 사그라지고 귀뚜라미들의 애잔한 울음소리가 들릴 때 즈음, 급여는 자유낙하를 하는 돌멩이처럼 떨어졌다. 가을이 깊어지고 낙엽이 떨어지자 문기의 급여도 속절없이 떨어졌다.

가을은 낭만의 계절이 아니라
허리띠를 졸라매야 하는 서글픈 계절이었다.

문기는 제품을 수리한 시간과 대수에 따라 성과급을 지급받았다. 기본급은 없었다. 수리할 물량이 줄어들자 손가락을 빠는 날이 늘어났다. 결혼을 하고 가족을 부양하고 있는 이들은 더욱 버거워했다. 보릿고개 같은 시기였다.

그즈음 새빛노조가 만들어졌다. 그동안도 노조를 만들려는 움직임은 있었다. 하지만 한 회사에 두 개 이상의 복수노조를 만들 수 없다는 조

노조가 빨갱이입니까

항에 손과 발이 묶였다. 회사엔 이미 어용노조가 있었다. 당연히 기사들은 노조를 신뢰하지 않았다. 무늬만 노조였다.

　새빛노조는 복수노조를 허용한 법이 시행된 후[9]에 회사가 눈치 채지 못하도록 물밑작업을 거쳐 순식간에 만들어졌다. 열악한 노동조건에 힘겨워하던 기사들 중 60%가 노조에 가입했다. 하지만 문기는 노조에 가입하지 않았다. 두렵다기보다는 관심이 없는 거라고 스스로의 생각을 정리했다.

＊＊＊

얼마 지나지 않아 이상한 소문이 센터 내에 돌기 시작했다.

"새빛주식회사가 우리랑 계약을 해지하겠다고 협박을 했대. 노조가 있는 회사랑은 같이 일 못하겠다고 했다는 거야."
"조합원들한테는 수리 물량을 안 주고 있대. 비조합원들만 특혜를 주고 있어."
"이대로 가다가 회사 문 닫는 거 아냐? 일단 살고 봐야지. 원청업체가 싫다는데 굳이 노조활동 해야 하는 거야?"

엎친 데 덮친 격으로 조합 위원장이 징계위원회에 회부되었다는 소식이 들려왔다. 문기가 당했던 것과 똑같은 모양새였다. 회사는 조합 위원장에 대한 뒷조사를 진행했고, 온몸을 다 벗기고서 먼지를 탈탈 털어냈다. 조그마한 먼지가 떨어졌다. 현미경을 들이대야 볼 수 있을 만한 먼지였지만, 그 먼지는 조합 위원장을 비리 투성이의 직원으로 변신시켰다. 위원장은 해고됐다. 노조 탄압이었다. 먼지 때문이 아니었다. 거기에 반발해서 1인 시위를 한 부위원장이 다시 징계위원회에 회부되었다. 광풍이 휘몰아쳤다.

***

"문기 씨, 나 좀 볼까?"
"네, 센터장님."

센터장은 구석진 커피숍으로 문기를 안내했다.

"문기 씨 힘들지 않아?"
"아, 네. 괜찮습니다. 덕분에."
"자네는 노조에 가입하지 않은 것 같던데, 왜 가입 안 했어?"
"그냥, 뭐, 저는 노조 같은 거, 관심 없습니다. 일 하는 것만 해도 벅찬걸요."

센터장은 그제야 긴장을 풀었다. 꽉 조여서 매었던 넥타이를 약간 느슨하게 풀었다. 그리곤 다리를 꼬았다.

노조가 빨갱이입니까

"문기 씨도 알겠지만 요즘 죽을 맛이야."

"예, 그러시군요."

"새빛, 어떤 곳인지 알지? 노조 싫어하기로 유명한 곳이야. 휴…… 석 달 받았어."

"네? 무슨 말씀이신지……"

"석 달 동안 노조를 없애지 않으면 폐업시키겠대. 원청업체가 물량 안 주면, 우리야 뭐, 문 닫는 거지. 방법이 있나? 문기 씨 목도 날아가게 생겼단 말이야. 조합원이고 비조합원이고 싹 다 비상상황이야. 그래서 말인데, 문기 씨하고 친한 기사들 있잖아. 왜, 그, 누구야? 동욱 씨, 성재 씨, 재현 씨. 그 친구들이랑 잘 어울리는 것 같은데, 그 친구들 설득 좀 해 봐."

"제가 무슨 힘이 있나요? 그 친구들이 좋아서 하는 일인데요, 뭐."

"이 친구 좀 보게? 지금 그렇게 한가한 얘기 하고 있을 때가 아니라고!"

갑자기 센터장이 얼굴을 문기의 코앞으로 바짝 들이밀었다. 그리고선 쥐새끼같이 작은 목소리로 문기에게 속삭였다.

"이건 비밀인데, 노조원 탈퇴시킬 때마다 인센티브를 줄 거야. 살림에 꽤 보탬이 될 거라고. 탈퇴한 조합원들도 격려금을 줄 거고 말이야. 문기 씨 나 좀 도와줘. 같이 살아야지."

문기는 입을 굳게 다문 채 센터장의 얘기를 듣고 있었다. 대기업의 바지사장 같은 존재라는 생각에 다소 측은한 마음이 들기도 했다. 하지만 센터장의 그다음 한 마디가 여행용 가방에 억지로 쑤셔 넣은 짐들처럼, 머릿속에 깊숙이 박아 놓았던 문기의 정의감을 부활시켰다.

빨갱이 같은 새끼들!

문기가 바로 전 직장 팀장에게 들었던 소리였다. 그저 노동절을 달라고 주장했을 뿐인데, 빨갱이 같은 놈이라는 답변이 돌아왔다. 아무 논리도 없이 뜬금없이 빨갱이라는 한 단어로 모든 상황을 정리해 버렸다. 우리나라 현대사의 비극들이 그 한 단어로 점철돼 있었다. 강산이 몇 번이나 변했을 21세기에도 여전히 빨갱이란 단어로 모든 상황을 판단하고 있다는 게 놀라웠다. 슬프기도 했다. 그러다가 화가 났다.

문기의 의지는 아니었다. 그저 문기의 가슴이 분노했을 뿐이다. 그리고 분노가 입 밖으로 튀어나왔을 뿐이다. 송곳은 결국 드러나기 마련이었다.

"센터장님, 말씀이 좀 지나치십니다. 노조가 무슨 빨갱이입니까? 기본급 좀 올려 달라고 한 게 그렇게 잘못된 겁니까? **노조 만드는 건 헌법에 나와 있는 권리입니다.**[10] 인간으로서의 기본적 권리라고요. 인권! 아시겠어요?"

문기는 이전 직장에서 노조라도 만들어야 하나 싶어 열심히 헌법과 노동법을 공부했다. 그때 배운 것들이 이런 식으로 드러날 줄은 몰랐다.

"그리고 지금 센터장님 행동이 어떤 건지 아세요? 그거 헌법 위반 행위라고요! 노조원들 자르고, 이상한 곳에 발령 내고, 물량 배정 안 해 주고, 노조 만들지 말라고 협박하고 회유하고. 그런 행동을 뭐라고 하는지 아세요? **부당노동행위**[11]라고 합니다. 노동3권을 침해하는 사용자의 행위요. 헌법 공부 좀 하고 오세요. 빨갱이가 뭡니까? 헌법을 부정하는 사람들이잖아요? 빨갱이는 노조가 아니라 센터장님같이 헌법을 부정하는 사람들입니다. 우리같이 없는 사람들이 노조 만들어서 인간답게 살아보겠다는 게, 뭐가 문제입니까? 센터장님도 한 달에 150만 원 받고 생활해 보세요. 그딴 소리 나오는가.”

센터장 앞에서 문기는 얼굴이 벌겋게 달아오를 정도로 소리를 질렀다.

“문기 씨, 보기보다 독한 면이 있네.”
“네? 제발 그런 얘기 좀 그만 하세요. 기본급 올려 달랬더니 빨갱이라고 하지를 않나, 독하다고 하지를 않나. 제발 이성적으로 얘기를 좀 하자고요. 이상한 색깔 좀 칠하지 마시고요.”
“문기 씨, 새빛회사 경쟁업체인 한도회사 노조 알지? 그 잘난 대기업 노조가 하청업체 근로자들 월급 올려주는 거, 물 밑에서 반대한 건 알고 있나? 자기들 임금 떨어질까 봐 말이야. 회사는 망하기 일보 직전인데 자기들은 월급 올려 달라는 노조가 제정신이야?”

센터장은 갑자기 대기업 노조를 비난하며 말을 돌렸다. 전형적인 물타기였다.

"센터장님, 지금 그 얘기가 아니지 않습니까? 사람 사는 공간이 다 그런 것 아닌가요? 좋은 사람도 있고, 나쁜 사람도 있고. 좋은 사장도 있고, 이상한 사장도 있고. 노조도 마찬가지입니다. 좋은 노조도 있지만, 이상한 노조도 있겠지요. 실상은 이상한 노조가 아닌데 언론에서 그렇게 만든 경우도 있을 거고요. 그리고 진짜로 이상한 노조가 있다고 해서 헌법이 잘못된 겁니까? 모든 노조가 석고대죄를 해야 하는 겁니까? 그러면 우리 하청업체 노동자들은 어떻게 해야 하는 겁니까? 대기업 노동조합은 말로만 연대를 얘기하고, 사장들은 빨갱이라고 손가락질하고, 언론에서는 신경도 안 쓰고. 도대체 우리는 뭘 해야 하는 겁니까? 그냥 입 꾹 다물고 살아야 하는 건가요? 기본급이 없어도, 회사가 기름 값을 안 줘도, 연장근로수당이 없어도, 빨갱이가 되지 않기 위해서는 그냥 가만히 있어야 하는 건가요?"

문기는 투사의 삶을 내려놓고 은둔자의 삶을 택했다. 조용히 일하고, 조용히 솔로 라이프를 즐기려 했다. 하지만 현실은 다시 문기를 세상 속으로 떠밀었다.

운명이 아니라 소명인 걸까.

문기는 중얼거렸다.

*** *

새빛서비스 가안센터는 결국 문을 닫았다. 형식상 폐업의 주체는 새빛서비스 가안센터였지만 사실상 원청업체인 새빛주식회사가 폐업을 주도했다. 하지만 두 달 뒤 슬그머니 새빛서비스 가인센터라는 또 다른 법인이 만들어졌다. 가안센터에 근무하던 노동자들 중 비조합원들을 중심으로 다시 서비스를 재개했다. 하청업체에 노조가 만들어지면 상당수의 업체가 이런 방식으로 조합원들을 정리했다. **위장폐업**[12]이었다.

문기는 노조 사무국장을 맡고 있었다. 노동위원회에 부당노동행위 구체신청과 부당해고 구제신청을 제기했다. 상당수의 조합원들은 이미 조합을 탈퇴해 새빛서비스 가인센터에서 일하고 있었다.

문기는 그들을 탓하지 않았다. 자기도 그랬다. 목구멍이 포도청이었다. 두려움의 크기를 이길 만한 연대의 정신이 부족했다. 그들이 부담해야 할 삶의 무게는 공동체의 정신을 무너뜨렸다. 노동자들은 각자도생의 길로 뿔뿔이 흩어졌다.

그게 헌법상 노동3권이라는
허울 좋은 기본권 속에 감춰진 암담한 현실이었다.

다행히 지방노동위원회는 노조의 손을 들어줬다. 가안센터의 폐업이 노조탄압을 위한 위장폐업이란 건 삼척동자라도 알 수 있었다.

***

노조원들을 가인센터로 복직시키고 밀렸던 임금을 지급하라는 구제 명령이 떨어졌다. 그 명령을 따르지 않으면 법상으론 2천만 원 이하의 **이행강제금**[13]을 부과할 수 있었다.

조합원들은 회사로 돌아갈 꿈에 부풀어 있었다. 하지만 회사는 구제명령을 따르지 않고 이행강제금을 납부했다. 밀렸던 임금보다 더 많은 금액이었다. 회사는 중앙노동위원회에 재심을 신청했다. 끝까지 간다는 회사의 의지 표명이었다. 하루하루 살아내기도 벅찬 노동자들이 제 풀에 나가떨어지기를 기다렸다. 마치 한 마리의 맹수가 하품을 하면서 먹잇감을 기다리는 모양이었다.

장기전에 대비해야 했다. 노조 간부들은 한기가 느껴지는 천막 안에서 숙식을 해결했다. 길거리를 지나가는 사람들이 한마디씩을 해 댔다.

"그냥 조용히 법원에 가서 따질 일이지, 왜 보기 흉하게 길거리에서 천막을 쳐 놓고 난리야?"

헌법 정신이 길거리에서 짓밟히고 있었다. 구제명령을 지키지 않은 회사를 향해선 세련된 양복을 입었다는 이유로 침묵하던 시민들이, 노조원이 입고 있는 남루한 빨간 조끼와 너덜너덜한 천막을 보고선 욕을 했다. 계급사회였다. 그것도 지독한……

그래도 지나가던 일부 시민들이 무슨 소식을 들었는지 따뜻한 커피 한 잔씩을 건네줄 때도 있었다. 고마웠다. 문기는 그걸 교육의 힘이라 생

노조가 빨갱이입니까

각했다. '적어도 헌법과 노동법만이라도 기본 교육과정에 편입해야 하는 게 아닐까' 생각했다.

　문기는 다시 언론과 인터뷰를 했다. 언론을 신뢰하진 않았지만 현재로선 찬밥 더운밥 가릴 여유가 없었다. 억울함을 풀기 위해선 뭐라도 해야 했다. 인터뷰가 나가고 며칠 후 노조 천막으로 서류뭉치 하나가 배달되었다. 보낸 이는 'S'라고만 돼 있었다.

　회사 NJ-O 전략이라는 표제어가 적혀 있었다. 노조원(NJ) 숫자를 0으로 하지 않으면 하청업체를 폐업시킨다는 내용이 골자였다. 복사본이었지만 새빛주식회사의 직인이 선명하게 찍혀 있었다. 때마침 함께 천막 안에 있던 Z당 대표가 그 문건을 봤다.

　그날 저녁 뉴스는 온통 새빛주식회사의 부당노동행위 관련 기사로 채워졌다. 어두컴컴한 동굴의 저 끝에 희미한 빛이 보이기 시작했다. 입에 담기도 부끄러운 노조 탄압이 알려지자 새빛도 꼬리를 내렸다. 결국 문기도 복직되었다.

　"그런데 그 전략문건, 내부자가 아니면 알 수 없는 건데. 누가 전해 준 걸까요? 그거 걸리면 새빛 같은 회사에선 거의 해고감이었을 텐데, 진짜 용기 있는 내부자네요."

　Z당 대표가 문기에게 말했다.

S. 아마 그녀일 거다. 새빛주식회사에 근무하고 있는 과거의 동료. 자신에게 빚을 졌다는 예전의 문자 메시지가 떠올랐다. 익명으로 문기는 그녀에게 문자 메시지를 보냈다.

"나도 빚을 졌네. 고마워 서연아. From M."

임금 인상을
요구합니다!

　회사에 복귀한 문기는 우선 노동조합을 재건했다. 당분간 위원장의 역할을 맡기로 했다. 문기 외에는 나서는 조합원도 없었다.

　과거엔 문기도 노동조합이 썩 내키지 않았다. 노동조합 하면 떠오르는 빨간 조끼, 나부끼는 대형 깃발, 투쟁의지를 과시하듯 동여맨 머리띠. 문기와 같은 세대에게는 낯선 이미지의 콜라보였다. 그리고 언론에선 무슨 문제만 생기면 노동조합을 들먹였다. 주장의 본질을 파헤치기보다는 그저 노동조합의 욕심이 과하다는 멘트만 무한 반복되었다. 중학교 사회교과서보다도 깊이가 없었다. 하지만 단순한 주입식 교육의 효과는 컸다.

> *노동조합의 빨간 조끼는*
> *현혹되어서는 안 될, 들여와서도 안 될,*
> *위험한 물건이 되어 있었다.*

게다가 실제로 채용비리에 연루된 노동조합 간부도 있었다. 하청업체 노조 조합원들의 눈물은 외면한 채 자기들의 배만 불리려는 일부 대기업 노조도 있었다. 노조는 정의의 칼이라는데, 정의감과 연대의 정신이 빛바랜 사진과 같이 과거의 추억이 되어 가고 있는 노조도 있었다.

문기에게 노동조합이란, 다시 재건해야 할 성벽이 아니라 이미 존재가치가 사라진, 낡고 오래된 고택과도 같았다. 노조에 대한 얘기를 들을 때면 좌우로 고개를 절레절레 흔들었다.

하지만 모래알 같은 개인으로서는 할 수 있는 게 없었다. 아무리 기본급 인상을 요구해도 회사는 요지부동이었다. 버티면 쓰러지는 것은 노동자였다. 결국 노동자가 백기투항을 할 수밖에 없었다.

"조합원 동지 여러분. 우리의 주장이 그렇게 이기적인 주장입니까? 쥐꼬리만 한 기본급으로 밤낮없이 땀 흘리는 노동자에게 최저임금보다 조금 더 높게 기본급을 달라고 하는 게 그렇게 무리한 요구입니까? 이번에 기본급을 인상하라고 단체교섭을 요구했습니다. 동지 여러분, 두렵겠지만, 그리고 무섭겠지만, 힘을 뭉쳐 봅시다. 우리도 인간답게 좀 살아 봐야 하지 않겠습니까? 우리가 단결해야 회사가 우리를 깔보지 않습니다. 이번엔 좀 바꿔 봅시다. 동지 여러분, 이제 바꿔 봅시다!"

문기는 조합원에게 호소했다. 이번에도 기회를 놓치면 다음 기회도 없을 거라고 했다. 노동자이지, 노예는 아니라고 했다. 단체협약이 그 출발

점이라고 했다.

***

문기는 김 노무사를 통해 단체협약의 중요성을 알았다.

"김 주임님. 첫 번째 단체협약이 분기점이 될 겁니다. 단체협약이 체결되면 조합원들이 조금씩 조금씩 노조의 필요성을 알게 될 거예요."

"노무사님, 단체협약이 그렇게 중요한 건가요? 저희들은 이미 근로계약을 체결하고 있는데 단체협약이 어떤 의미가 있는 거죠?"

"원래는 근로계약이나 취업규칙에 의해서 노동자의 노동조건이 결정돼요. 근로계약에선 200의 임금을 받는 것으로 서명을 했다고 가정해 보죠. 그런데 노조에 가입한 조합원이 있다고 생각해 볼까요? 노조가 회사랑 단체협약을 체결했는데, 조합원에 대해서는 250의 임금을 주기로 한 거예요. 그럼 회사는 그 조합원에게 200을 줘야 할까요? 250을 줘야 할까요?"

"아, 250을 줘야 하는군요?"

"맞아요. 그게 단체협약의 힘이에요. 단체협약은 근로계약이나 취업규칙보다 급이 높아요. 근로계약이 라이트급, 취업규칙이 미들급이라면 단체협약은 헤비급인 거죠. 단체협약이 더 상위법이에요. **단체협약이 체결되는 순간, 단체협약과 다른 내용이 규정돼 있는 근로계약이나 취업규칙이 무효가 되는 거죠.**[14] 한 사람 한 사람은 회사랑 대등하게 협상을 할 수가 없어요. 사실 힘이 없는 거죠. 하지만 그 모래알과 같은 개인이 뭉치면 거대한 집을 만들 수 있어요. 그게 노동조합이고 노동조합의 단체협약이에요."

"그럼, 회사에선 별로 안 좋아하겠네요."

"대개는 그렇죠. 헌법정신을 존중하는 사용자라면 모르겠지만 말이죠. 한 사람 한 사람을 따로따로 상대하면 얼마든지 쉽게 노동조건을 바꿀 수 있는데, 단체협약이 있으면 그걸 마음대로 할 수 없으니까요."

김 노무사는 단체교섭과정이 쉽지 않을 거라 예언했다. 회사가 순순히 단체협약을 체결해 줄 리가 없다고 했다. 그리고 그 예언대로 이루어졌다.

노조가 무리한 요구를 한 건 아니었다. 노동조합 사무실을 하나 제공해 달라는 것, 그리고 기본급을 인상해 달라는 것. 이 두 가지가 주된 교섭요구사항이었다. 크게 어려운 교섭사항도 아니었다. **법적으로 당연히 교섭에 응해야 할 사항이었다.**[15]

하지만 회사는 노조가 요구한 교섭일을 연기해 달라고 요구했다. 검토할 시간이 필요하다고 했다. 그 정도의 시간까지 필요 없는 사항이었지만 요구대로 일정을 연기해 주었다.

연기가 되고 열린 상견례 자리에는 대표이사가 나오지 않았다. 인사담당 이사와 인사 팀장만이 앉아 있었다. 대표이사는 출장을 갔다고 했다. 실무진끼리의 만남도 아닌 상견례 자리, 혹은 본 교섭 자리에 대표이사가 나오지 않았다는 건 뭘 의미하는 걸까. 문기의 자존심에 상처를 내

임금 인상을 요구합니다!

고 싶었던 게다. 무시하고 있다는 걸 시각적으로 극대화시키려고 한 것이다.

노조 위원장인 문기에 대해서 사측 교섭위원들은 "김 기사가 노조 위원장이야?"라며 비아냥댔다. 아랫사람 대하듯 노조 위원장을 상대하고 있었다.

인사 팀장이 전화를 받고 있는 모양새로 봐서는 원청회사의 지시를 받고 있는 듯했다. 그러더니 갑자기 단체교섭권을 사용자단체에 위임하겠다고 했다. 문기는 그제야 사측의 의도를 이해할 수 있었다. 조합원들이 지치기를 기다리고 있었던 것이다. 그들은 노조 내부의 갈등을 부추기며 교묘하게 단체교섭을 회피하고 있었다. 처음부터 단체교섭을 제대로 할 의지가 없었다. **부당노동행위**[16]였다.

노동3권을 존중하지 않는 사용자에게 단체교섭이란 그저 시장에서 물건 값 가지고 흥정하는 게임에 불과했다. 노동자에겐 절박한 생존의 문제를 그저 농담거리로 삼고 있었다.

***

문기는 단체교섭 결렬을 선포했다. 사측의 의도를 파악한 이상, 단체교섭을 계속 진행하는 것은 무의미했다. 파업에 돌입할 준비를 해야 했다. 그런데 **노동법에서는 조정절차를 거쳐야지만 쟁의행위를 할 수 있도록**

규정[17]되어 있었다. 그는 노동위원회에 조정을 신청했다.

노동위원회의 조정위원회에서는 기본급을 대폭 인상한 조정안을 제시했다. 하지만 사측이 수락할 리 만무했다. 조정은 실패했고, 노동위원회에서는 조정이 끝났음을 통보했다.

그다음 수순은 파업이었다. 파업의 기운이 사업장에 감돌고 있었다. 이대로는 안 된다는 공감대가 조합원에게 형성되어 있었다. 하지만 사측은 무슨 이유인지 조용하게 사태를 지켜보고 있었다.

문기는 빨간 조끼를 꺼내 입었다. 그리곤 '단결, 투쟁'이라는 머리띠를 질끈 묶었다. 예전에는 보기 싫었던 색깔이었고, 외치기 싫었던 구호였다. 하지만 방법이 없었다.

최소한의 대우조차 받을 수 없는 공간에선 무어라도 입어야 했고,
인간을 물건처럼 소비하는 시간에선 무어라도 외쳐야 했다.

문기는 자신이 입고 있는 빨간 조끼가 마치 수많은 노동자들의 피눈물처럼 느껴졌다.

"동지 여러분, 우리에겐 빵도 필요하고 장미도 필요합니다. 장미꽃을 심기 전에 먼저 상하지 않은 빵을 요구했을 뿐입니다. 그저 삼시세끼 먹을 정도의 빵을 요구했을 뿐입니다. 하지만 사측은 거부했습니다. 우리

임금 인상을 요구합니다!

에겐 가족과 함께 지낼 단 몇 시간의 시간조차 사치가 되어 버렸습니다. 동지 여러분, 우리는 대기업에 다니는 노동자도 아닙니다. 그저 힘없는 비정규 노동자일 뿐입니다. 언론에서도 우리의 주장에 관심을 기울이지 않을 겁니다. 우리, 힘없는 약자들끼리 서로 보듬어 줍시다. 그리고 외칩시다. 뭉치면 할 수 있습니다. 눈물에 젖은 빵이라도 좋습니다. 우리 제대로 된 빵 한 번 먹어 봅시다!"

문기의 목소리는 갈라졌다. 조합원들은 함성을 지르며 문기를 격려했다. '바위처럼'이라는 노동가요가 스피커에서 흘러나왔다. 반대편 창가에선 대표이사가 팔짱을 낀 채 무표정한 얼굴로 이 장면을 지켜보고 있었다.

문기의 눈물처럼 서글픈 비가 내리고 있었다.
파업전야였다.

내가 앞장설 테니
뒤따라오게

미리 서울시장과 서울지방노동위원회에 파업 신고를 해 두었다.[18] 문기는 생각보다 꼼꼼했다. 털어서 나는 먼지 때문에 낭패를 보는 일은 없어야 했다.

조합원들 중에는 생전 처음 파업에 참여하는 이들도 많았다. 노조에 대해 부정적인 생각을 하고 있는 조합원들도 많았다. 고상한 가치를 주장하더라도 데모라고 하면 알레르기 반응부터 일으키는 이들이 부지기수였다. 파업은 박물관에 고이고이 모셔 두어야 할, 오래된 과거의 유물 같은 거였다. 헌법상 규정돼 있는 단체행동권이라는 말은 바깥 세계에 보여 주기 위한 장식용 용어였다.

전체 임금노동자 중 노조에 가입한 비율은 10% 언저리를 왔다 갔다 하고 있었다. **그나마 300명 이상의 노동자가 근무하는 대기업은 노조 조직률이 55%에 달했지만 30명이 안 되는 기업은 0.2%, 100명이 안**

되는 기업은 3.5%에 불과했다.[19] 중소기업은 노조가 없는 곳이 90% 이 상이었다. 노조가 있다 해도 노조가 파업을 하는 순간 소리 소문도 없이 회사가 사라지는 곳도 많았다.

그리고 나선 노조에게 모든 책임을 덮어 씌웠다. 모든 잘못은 노조에게 있었다. 노조는 사라져야 할 악이었고 파업은 그 악의 현현(顯現)이었다. 헌법 제33조 제1항의 단체행동권이라는 단어엔 빨간 삭제 줄 두 개가 쓱쓱 그어져 있는 것 같았다.

***

"노동조합 얼굴에 먹칠하는 놈들!"

채용을 알선해 주겠다며 몇 천 만원의 뇌물을 받아먹은 어떤 노조 간부에 대한 뉴스를 보며 문기는 분노했다. 세상은 요지경이었다. 모든 노조가 정의로운 건 아니었다. 많은 노조가 노동운동 본연의 정의감을 잃지 않기 위해 발버둥 치고 있었지만, 노동운동은 과거의 연대성과 순수성을 망각한 채 자꾸만 옆길로 새어 나가고 있는 것처럼 느껴졌다. IMF 사태가 미친 영향이 컸다. 대기업과 중소기업의 양극화는 곧바로 대기업 노조와 중소기업 노조의 양극화로 이어졌다. 네가 죽어야 내가 살아남는 신자유주의의 질서 속에서 일부 노동조합은 길을 잃어버린 듯 보였다.

시민운동에 대한 지지자들이 노동운동까지 지지하는 것은 아니었다. 예전부터 그래 왔지만 남녀 조합원의 숫자도 현격한 격차가 나타났다.

최첨단 IT문화와 랩의 빠른 비트에 익숙해진 2030세대를 예전의 투박한 노동가요와 붉은 조끼만으로는 설득할 수 없었다. 군사독재 시절에 온몸으로 맞섰던 기성세대의 투쟁 방식은 더 이상 젊은 세대에게 먹히지 않았다. 게다가 사회의 고령화는 노조의 고령화로 빠르게 이어졌고, 노조 간부의 나이가 해가 갈수록 높아졌다. 나이는 숫자에 불과하다지만 무언가 무력해져 가고 있다는 느낌만은 어쩔 수 없었다. 본질은 지키되 외양은 바꿔야 했다. 무언가 돌파구가 필요해 보였다.

대기업과 공공기관을 제외한 중소기업의 노동운동은 간신히 명맥을 유지하고 있었다. **190만 명의 조합원 중 140만 명의 조합원이 1,000명 이상의 대기업에서 근무하고 있었다.**[20] 중소기업에서 노조를 한다는 건 그리 녹록한 일이 아니었다.

그들에게 파업이란 사실상 목숨을 건 투쟁이었다.

"파업을 할 수 있는 건 헌법에 나와 있는 기본적 인권입니다."

문기가 파업 얘기를 꺼냈다. 그러자 파업을 말리던 사측 교섭위원들이 답했다.

내가 앞장설 테니 뒤따라오게

"노조 위원장님. 노조가 파업해 봤자 우리 같은 하청업체가 줄 수 있는 게 뭐가 있습니까? 원청업체가 돈줄을 쥐고 있지 않습니까? 한 번 파업해 보시던가요. 달라지는 건 없을 겁니다. 제가 위원장님 걱정돼서 드리는 말씀입니다."

파업을 한다고 하자 그제야 인사노무 팀장이 정중하게 속내를 말했다. 진심인지 아닌지는 알 수 없었다. 한편으론 마치 파업을 기다리고 있는 듯한 말투였다.

"그럼 어떻게 해야 하는 거죠? 우리 같은 하청업체 노동자들은 뭘 어떻게 해야 하는 거냐고요? 원청업체에선 계약관계가 없으니까 교섭할 의무가 없다고 하고, 당신들은 원청업체가 단가를 후려치니까 줄 돈이 없다고 하고, 원청업체 노조는 맨날 입에 발린 립서비스만 하면서 연대를 위한 구체적 액션은 취하지도 않고. 우리 비정규 하청업체 노동자들은 개돼지처럼 최저임금만 딱 받고 살아야 하는 겁니까? 무리한 요구, 아니지 않습니까? 성과급 같은 불안한 임금 말고, 기본급 같은 고정적 임금도 합리적으로 책정해 달라고요! 우리도 인간입니다. 존중받아야 할 자격이 있는 노동자라고요! 우리도 파업하기 싫습니다. 합리적으로 임금을 지급하면 우리가 파업을 왜 하겠습니까?"

문기는 목에 핏대를 세워 가며 교섭사항이 타결되지 않으면 일주일 뒤 파업을 하겠노라고 소리쳤다. 하지만 문기도 두려웠다. 파업권이 헌법에 보장돼 있는 단체행동권이라지만 사회 분위기는 그렇지 않았다.

헌법을 모르거나, 헌법을 무시했다.

심지어 법원의 판결조차도 그렇게 느껴졌다. 적어도 문기에게는 그랬다.

***

회사는 이미 C컨설팅이라는 회사와 자문계약을 체결하고 있었다. 노동계에서는 악명 높은 컨설팅 회사였다. 이미 몇 개의 노동조합이 C컨설팅의 자문으로 무너져 내렸다. 문기는 김 노무사를 통해 C컨설팅이 어떻게 노동조합을 무너뜨리는지를 알고 있었다.

C컨설팅은 회사에 조합원의 리스트를 작성하도록 지도했다. 조합원의 이름 옆에는 R, Y, G라는 알파벳이 붙어 있었다. R은 Red의 약자로 회사의 관점에서 강성 조합원을 의미했다. Y는 Yellow의 약자로 회사의 관점에서 중도 성향의 조합원을 의미했다. G는 Green의 약자로 회사의 관점에서 사측에 친화적인 조합원을 의미했다.

회사는 Y와 G들을 포섭해서 별개의 노조를 만들게 한 후에 R들로 이루어진 노조를 포위하고 무너뜨리는 전략을 취한다고 했다. 복수노조를 허용한 노동조합법이 이런 식으로 악용되고 있었다.

"아무리 노조가 싫다고 해도 그렇지, 사람에게 이런 딱지를 붙인다는 게 말이 됩니까? 충성스러운 노예, 반항하는 노예 같은 건가요? 이게 인간으로서 할 행동입니까? 이건 우리를 인간으로 보고 있지 않은 겁니다."

김 노무사에게 C컨설팅의 전략에 대해 듣자마자 문기는 분노했다. 이미 이전 직장에서 블랙리스트의 희생자가 돼서, 개명까지 한 문기는 그 상식 이하의 저열한 방식에 치를 떨었다.

***

"우선, 단체교섭 요구할 때 정리해고 같은 사항은 뺍시다."

"왜요? 우리 회사는 언제라도 정리해고 할 수 있는 회사입니다. 정리해고를 못하게 단체협약을 체결해야 하는 것 아닙니까?"

"압니다. 알아요. 당연히 필요하죠. 그런데 아직은 때가 아니에요. 우선 급한 것부터 해결합시다. 아직 노동조합이 제대로 정비가 돼 있지 않은 상황에서 정리해고까지 교섭사항에 들어가면, 회사는 그걸 빌미로 불법파업이라고 주장할 겁니다. 그리곤 불법파업을 이유로 개인이 감당할 수조차 없는 천문학적인 손해배상을 청구하겠지요. 위원장님은 업무방해죄로 고소될 거고요. 그리고 위원장님을 징계해고 하겠지요. 불법파업을 이유로 한 민사, 형사, 징계라는 3종 세트를 이길 수 있는 노동조합은 우리나라에 많지 않아요. 일부 대기업 노조야 버틸 수 있겠지만 새빛서비스 같은 중소기업 노조는 버티기 쉽지 않을 겁니다. 그래서 한 템포,

천천히 가자는 겁니다. 일단은요."

"아니, 그러면, 정리해고를 못하게 하는 파업이 불법파업이란 말인가요?"

"네. **정리해고를 할지 말지를 결정하는 권리를 경영권이라고 부르는데요, 법원에서는 경영권을 헌법상 권리로 보고 있어요. 그리고 정리해고를 반대하는 파업을 경영권을 침해하는 불법파업이라고 보고 있고요.**[21]"

"아니, 그럼, 회사가 정리해고를 하려고 하는데, 노동조합은 그걸 지켜보고만 있어야 한다는 건가요?"

"그걸 지켜보고 있는 노조가 어디에 있겠어요? 그걸 이유로 파업을 할 때는 그만한 위험을 감수할 수밖에 없는 어처구니없는 상황인 거죠. 위원장님, 정리해고는 지금 현안 사항이 아니니까 우선 임금인상에만 집중합시다. 그리고 다음번에 기회를 봐서 **고용안정협약**[22]을 체결합시다."

***

파업과 동시에 직장 안에 있는 조그마한 족구장을 점거했다.

"우리나라에서는 함께 모여서 파업을 해야 해요. 흩어지면 바로 조합원들을 회유할 겁니다. 회사의 공터 같은 곳에 모여서 파업을 하세요. 사무실에서는 하지 마시고요!"

김 노무사가 불안한 눈빛으로 문기에게 말했다.

내가 앞장설 테니 뒤따라오게

"왜요? 사무실에 모여서 파업을 해야지, 회사가 우리의 요구사항을 더 귀담아 들어줄 것 아닙니까?"

"맞아요. 그렇긴 한데 직장점거를 할 땐 조심할 필요가 있어요. **사측의 출입을 막으면서 하는 직장점거를 법원에서는 불법이라고 하고 있어요. 사업장 시설의 일부를 점거하면서 사측이나 비조합원의 출입을 허용하는 식으로 해야 해요.**[23]"

문기는 법의 테두리를 지키려 노력했다. 돈도 없고 백도 없는 중소기업 노조로서는 불법이라는 딱지가 붙은 파업의 후폭풍을 감당할 수 없었다.

***

파업에 참여한 노동자들은 파업기간 동안 임금을 지급받지 못했다. 파업기간에는 무노동 무임금의 원칙이 관철되었다. 십시일반으로 모아둔 파업기금으로 급한 불을 껐지만, 파업기금은 어느새 바닥을 드러내고 있었다. 조합원들은 조금씩 동요하고 있었다. 단결력이 중요했다. 하지만 사흘 굶으면 안 나는 생각이 없다는 말처럼, 무임금의 고통은 생각보다 견디기 힘들었다. 조금씩 조금씩 이탈자가 생겨나기 시작했다.

C컨설팅의 작전대로 흘러가고 있었다. 알고 있었지만 대응하기 쉽지 않았다.

일을 멈추고 있는 기간 동안 발생하게 될 회사의 영업손실을 계산해 보았다. 회사도 이 상황이 오래가기를 원치 않을 거다. 어느 정도의 지점에서 타협이 이루어질 거라고 생각했다. 문기의 착각이었다. 예상보다 원청회사가 깊숙이 개입하고 있었다. 아니나 다를까. 노동조합이 쟁의행위를 개시한 이후에만 직장폐쇄를 할 수 있는데, 기다렸다는 듯이 일주일이 지나자 회사는 **직장폐쇄**를 단행했다.[24]

"C컨설팅 전략의 핵심은 직장폐쇄예요. 파업을 하고 나서 어느 정도 시간이 지나면, 회사가 경영악화를 이유로 조합원들만 대상으로 직장폐쇄를 할 겁니다. 비조합원들에 대해서는 물량을 주면서 말이죠. 전 사실 걱정이 됩니다. 노조가 그걸 버텨낼 단결력이 있는 건지, 사실은 확신이 없어요. 제가 워낙 힘든 상황을 많이 봐 와서요."

김 노무사가 떨리는 목소리로 말했다. 회사가 정당하게 직장폐쇄를 단행하면 직장점거를 풀어야 했다. 직장점거를 풀고 직장 밖으로 나가지 않으면 퇴거불응죄로 처벌될 수 있었다. 게다가 직장폐쇄 대상에 대해서는 임금을 지급해야 할 의무가 없었다.

직장폐쇄기간에 사내 동호회장이나 반장 등이 총동원되었다. 물밑에서 Y와 G들에게 회사에 복귀하라고 회유했다. 복귀하면 지금 노조가 주장하고 있는 임금보다 더 높은 임금을 주겠노라고 했다. 노조를 와해시키기 위한 직장폐쇄는 **명백한 불법 행위**였다.[25]

문기는 조합원들의 의지와 의리를 믿었다. 이미 C컨설팅의 전략도 공유했기에 이런 위기 정도는 극복할 수 있으리라 믿었다.

하지만 믿음조차 현실의 다급함을 이겨낼 수는 없었다.

'위원장님, 죄송해요. 입원 중인 아내가 있어서요. 더 이상 버틸 수가 없어요.'
'위원장님, 이 일자리마저 잃으면 우리 가족 길거리에 나앉아야 해요. 이해하시죠?'
'위원장님, 이러면 안 되는 거 알고 있는데, 죄송합니다.'

문기의 핸드폰에 차곡차곡 조합원들의 미안함이 쌓여 갔다. 파업기간 중에 이탈한 조합원들과 비조합원들을 중심으로 새빛서비스 새 노조가 만들어졌다. 노동자들의 80%가 가입했다. 어느새 문기가 위원장으로 돼 있는 노조는 R들만 남아 있는 소수 노조로 전락했다. 그리고 R들에 대한 사내 따돌림이 교묘하게 진행되었다. 문기의 과거가 재생되고 있었다.
헌법대로 했을 뿐인데 문기는 다시 빨갱이가 되어 있었고, 회사는 빨갱이를 물리친 초일류기업의 위대한 하청회사가 되어 있었다.

***

'새빛서비스 녹색사업'이라는 문건이 내부의 누군가에 의해 외부로 유출되었다. 모든 구성원을 G로 만들기 위한 C컨설팅의 노조파괴 전략이 고스란히 담겨 있었다. C컨설팅의 대표 노무사는 노동조합법 위반으로 구속되었고 노무사 자격을 박탈당했다. 하지만 무너질 대로 무너진 기존 노조를 다시 살릴 수는 없었다.

깨어진 믿음과 서로에 대한 미안함이 구성원들의 자존감을 갉아먹었다.

고개를 푹 숙인 채 무표정한 얼굴로 회사 정문을 오고 가는 노동자들의 모습은, 마치 아무런 감정도 없이 허공을 떠돌아다니는 유령 같았다.

비가 내렸다. 빗줄기가 점점 더 거세지고 있었다. 문기가 들고 있는 조그마한 비닐우산으로는 포악한 빗줄기를 막을 수 없었다. 눈물인지 빗물인지 알 수 없는 투명한 액체가 문기의 얼굴을 덮었다.

파업전야처럼 슬픈 비가 내렸다.

너의 부상을
아무에게도 알리지 말라

문기는 다시 현장에 복귀했다. 노조는 와해되었고, 문기도 모든 걸 내려놓고 다수 노조의 평조합원이 되었다. 다른 길을 선택한 조합원들을 탓하지는 않았다. 아프고 외로운 사람들일 뿐이다. 사소한 위협에도 몸을 파르르 떨며 두려워하는 연약한 사람들일 뿐이다. 지금도 회사의 후미진 한구석에 쭈그리고 앉아, 자신의 선택에 주룩주룩 눈물 흘리고 있을, 가녀린 사람들일 뿐이다. 단지 두려움의 틈새로 절망의 빗물이 스며들었을 뿐이다.

다른 길을 택했다기보단, 갈 수 있는 길이 없었을 뿐이었다.

생존을 위한 막다른 길이었다. 어느 누가 하청업체 노동자들의 눈물 앞에서 그들의 선택에 돌을 던질 수 있단 말인가.

***

문기는 침대에 누워 히가시노 게이고의 소설을 읽고 있었다. 한 단락이 눈에 띄었다.

"목이요…… 병원에는 가 봤답니까?"

요코다는 입술을 일그러뜨리며 고개를 저었다.

"안 갔대요."

"왜죠?"

"귀찮아서, 라고 했어요. 소속된 인력파견회사에서 '병원에 가는 건 좋지만 직장에서 사고를 당했다는 말은 하지 말고 뭔가 다른 이유를 대라.' 그러더래요. 산재 신청은 하지 말라고 하고요."

"아니, 그건 또 왜죠?"

"뭐, 흔히 있는 일이에요. 가네세키에서 인력 파견 회사에 압력을 넣은 거죠. 산재 신청을 하게 되면 공장이 조사를 받게 되고, 그러면 인터로크를 죽여 놓았다는 사실도 들통나지 않겠어요?"[26]

"산재은폐 문제를 일본의 소설책에서 보게 될 줄이야. 일본이나 우리나라나 크게 다르진 않군."

문기는 중얼거렸다.

***

너의 부상을 아무에게도 알리지 말라

지난주, 민재가 쓰러졌다. 사무실 바닥의 물기가 완전히 제거되지 않았던 모양이다. 육중한 몸이 휘청거리더니 책상 모서리에 머리를 박았다. 모두 다 외근을 나가 있던 터라 주위에는 아무도 없었다. 한참을 그렇게 누워 있었다. 지나가던 재현이 우연히 민재를 발견했다. 어깨를 잡아 흔들고, 뺨을 때리고, 소리를 질러도 반응하지 않았다. 대형 사고였다. 얼마 지나지 않아 인사팀 직원들이 달려왔다. 한 사람은 고개 쪽을 받치고, 한 사람은 다리를 잡아서 민재를 옮겼다.

어느새 문기도 와 있었다. 재현이 인사팀에 연락을 하면서 동시에 문기에게도 연락을 취했다.

"위원장님, 지금 민재 씨가 쓰러졌어요. 인사팀 직원들한테 연락을 했는데요, 위원장님도 한 번 와 보세요. 민재 씨가 움직이질 않아요."

위원장직을 내려놓았지만 과거의 동료들은 문기를 여전히 위원장님이라고 불렀다. 과거 위원장에 대한 예우인지 미안함인지 알 수는 없지만, 그랬다.

문기는 재현의 전화를 듣자마자 119로 연락을 해 놓았다. 혹시라도 회사가 산재를 은폐할 경우, 재해경위에 대한 객관적인 기록을 남겨 놓아야 했다.

"119, 불러 놓았습니다."

문기의 말에 인사팀 직원이 잠깐, 아주 잠깐 멈칫했다.

"아, 아니, 괜찮아요. 잠깐 기절한 것 같은데요, 뭐. 이 정도로 뭐, 큰일이야 있겠어요. 저희들이 병원까지 잘 모시고 갈게요."

회사는 정문까지 온 119 구급차를 돌려보냈다. '별것 아닌 일로 불편을 드렸다'고 사과했다. 바로 코앞에 있는 종합병원을 두고, 회사가 지정한 병원으로 문기를 데려갔다. 길 위에서 30분의 생명 같은 시간이 소비되었다. 그런 식으로 산재를 은폐하며 시간을 허비하다 죽은 노동자가 있다는 뉴스가 나온 지 얼마 되지 않은 시점이었다.

세상은 더욱 단단해지고 냉정해졌다.

뉴스만으로 세상은 놀라지 않았다. 그저 한 사람의 죽음일 뿐, 그 죽음에서 어떠한 교훈도 얻지 못한 듯 보였다. 다행히 민재는 깨어났다. 담당의사에게는 '길거리에서 쓰러졌다'고 말했다.

***

산재보험료가 할증되는 것이 싫어서 산재를 은폐하는 사업장도 있었고, 고용노동부의 근로감독을 피하기 위해 산재를 은폐하는 사업장도 있었다. 산업안전보건법상 처벌을 받지 않기 위해 산재를 은폐하기도 했다. 건설업체의 경우 입찰과정에서 불이익을 받게 된다는 이유로 산재를 은폐하기도 했다. 은폐의 이유는 많았다.

사람의 생명이 산재보험료보다도 못한 처지가 되어 있었다.
무표정한 자본주의의 민낯이 산재처리과정에서 드러나고 있었다.

"산재가 터지면 근로복지공단에 산재급여 신청을 하면 되는 것 아닌가요? 위원장님?"

재현이 문기에게 물었다.

"이론적으론 맞아요. 산재는 원래 본인이 근로복지공단에 신청하는 거니까요. OECD 국가들과 비교해 보면 우리나라에서 일하다가 다친 노동자의 비율이 4분의 1밖에 안 돼요. 그런데 죽은 노동자는 4배나 더 많지요. 한 해 평균 약 2,000명이 산업재해로 사망하는 OECD 산재 사망률 1위에 빛나는 나라죠. 이상하지 않나요? 산재사고는 4분의 1인데 사망자는 4배라는 사실이요."

곰곰 생각하다 재현이 말했다.

"아, 산재를 은폐하는 거군요."
"맞아요. 이 역설적인 격차의 비밀은 산재의 은폐에 있어요. 사망은 숨

기기가 어려우니까요. 하지만 사망에 이르지 않은 부상이나 질병에 대해서는 회사가 산재를 은폐하는 경우가 많다는 거죠. 혹, 산재에도 블랙리스트가 있다는 얘기, 들어 봤어요?"

"네? 블랙리스트요? 그게 갑자기 산재에 왜 등장하는 거죠?"

"민재 씨가 아무 생각 없이 '길거리에서 쓰러졌다'고 얘기했겠어요? 우리 업종도 블랙리스트가 있다는 거죠. 회사가 공상 처리해 주겠다고 설득을 했는데 산재를 신청한 근로자…… 그 이름에 주홍글씨가 새겨지는 겁니다. 다른 회사에 취업하기도 쉽지 않은 거죠."

온갖 사고와 뇌혈관질환, 직업성 암 등이 똬리를 틀고 앉아 있는 코브라처럼 우리네 노동현장의 구석구석에 도사리고 있었다. 전쟁과도 같은 노동이었다. 홍길동도 아닌데, 산재를 산재라 부르지도 못했다. 이순신도 아닌데, 산재를 알려서는 안 되었다.

폐품이 될 때까지 전쟁같이 일했다.

그러다가 쓰러지고, 은폐되고, 사라져 갔다.

"산재로 처리하면 산재 치료비가 나와요. 그걸 요양급여라고 해요. 그리고 산재 기간 중 평균임금의 70%에 달하는 휴업급여도 나와요. 치료가 끝났는데도 장해가 남으면 장해급여를 받을 수도 있어요. 재발을 하면 재요양을 받을 수도 있고요. 회사가 폐업을 하더라도 근로복지공단

너의 부상을 아무에게도 알리지 말라

에서 산재급여는 계속 받을 수 있어요."

"그러면 공상보다는 산재로 처리하는 것이 더 낫겠네요?"

"물론 경미한 부상의 경우 합의만 잘하면 **공상처리**[27]가 나은 경우도 있어요. 간단한 치료로 끝날 수 있는 사고의 경우에 회사가 비보험급여를 포함해서 치료비 일체를 제공해 주고, 그 기간 중 임금도 100% 지급하는 조건이라면 나쁘지 않겠지요. 하지만 재발 위험성이 없는 경미한 부상이 아니라면 산재로 처리하는 것이 여러 가지로 유리해요. 회사가 부도가 나거나 폐업을 하더라도 근로복지공단이 산재급여를 지급하기 때문에 안심이 되지요. 그리고 보통 공상처리를 할 때 회사가 적은 금액으로 합의를 할 가능성이 있어요. 조심해야 해요."

***

얼마의 시간이 흐른 후 민재가 퇴원했다.

"민재 씨, 회사에서 허위진술을 시킨 거죠? 혹시나 앞으로도 그런 일 있으면 절대로 받아들이지 마세요. 그나마 큰 문제는 없다고 하니까 다행이지, 나중에 재발이라도 하면 어쩌려고 그랬어요? 민재 씨 어머니도 걱정 많이 하셨죠?"

민재가 그런 선택을 한 이유를 모르는 바 아니었지만, 문기는 노파심에 민재를 다그쳤다. 민재가 갑자기 닭똥 같은 눈물을 흘렸다.

"위원장님. 제가 우리 집 가장이에요. 아버지는 돌아가시고, 어머니는…… 어머니는…… 왜 그리 복도 지지리도 없는지, 전 세계에서 몇 건밖에 보고된 적이 없다는 희귀병에 걸려서 집에 누워 계세요. 동생은 아직 고등학생이고요. 저 일해야 해요. 잘못 대들다가 잘리면 어떻게 해요. 그러면 위원장님이 우리 집 책임지실 거예요? 위원장님은 정의를 말씀하시지만 저에게는 그저 하루하루 살아가는 게 정의고 진리예요. 저도 이 엿 같은 현실에서 벗어나고 싶어요. 누가 그 방법 좀 알려 주세요. 자꾸만 정의, 사랑, 희망 같은 뜬구름 잡는 얘기 좀 하지 말고요. 저에게는 정의가 아니라 그 개 같은 돈이 필요하다고요. 아버지 돌아가시고 아버지 몫까지 내가 다 해 드리겠다고 했는데, 호강시켜 드리겠다고 했는데, 이게 뭐예요? 어머니. 불쌍한 우리 어머니……"

퇴근길의 포장마차에서 술에 취한 민재가 온 동네가 떠나갈 듯 대성통곡을 했다. 술도 깰 겸, 문기는 민재를 데리고 한강 공원으로 나왔다. 민재는 문기의 무릎을 베개 삼아 누웠다. 눈에선 아무 생기도 느껴지지 않았다. 입에서 풍기는 술 냄새는 절망의 냄새였다. 민재가 여전히 술기운에 중얼거렸다.

"아버지, 거기서 행복하세요? 저하고 어머니, 이렇게 남겨 놓고 혼자 좋은 데 계시니까, 좋으세요? 어무이. 우리 어무이. 그리고 내 동생. 제가 책임질 게요. 염려 마세요."

너의 부상을 아무에게도 알리지 말라

민재는 그저 함께 울어 줄 사람이 필요했을 뿐이었다. 하지만 회사는 돈을 얘기했고, 문기는 정의를 얘기했다. 회사는 민재를 산재보험료로 보았고, 문기는 민재를 패기 없는 청춘으로 보았다.

사람이 빠져 있었다. 사람보다 큰 가치는 없는데 문기조차 무언가를 놓치고 있었다.

민재를 다그칠 일이 아니었다. 어머니, 라는 한 단어 앞에서 무너져 버린 이 순수한 청년에게 거짓을 다그친 이 사회가 문제였다. 그 현실의 절박함을 이해하지 못한 자신도 문제였다.

> 민재의 모습은,
> 사람은 사라지고, 돈과 이념만 남아 있는 사회의
> 서글픈 초상화 같았다.

하늘을 올려다보았다. 구름이 달을 가렸다. 별 하나 찾기조차 쉽지 않았다. 어두컴컴한 한강의 구석진 잔디밭 위에서 민재와 문기는 아무 말 없이 하늘을 바라보았다. 어딘가에서 김광석의 '서른 즈음에'가 들려왔다. 민재의 뺨 위로 문기의 눈물 한 방울이 소리 없이 떨어졌다.

DC?
퇴직금 할인인가요?

"위원장님, 어제 저 실수한 거 없죠? 죄송해요. 제가 술이 많이 취해서……"

민재가 말했다.

"난 네가 그렇게 눈물이 많은 줄 몰랐다. 기억나니? 고래고래 소리 지르고 울었던 거."

민재는 멋쩍게 웃었다. 문기는 민재의 어깨를 가볍게 툭 치며 위로했다.

"오늘도 힘내자."

못은 빠져도 못 자국은 남아 있는 법이다.

민재의 눈물은 못 자국에 고여 있는 고름 같은 것이었는지도 모른다. 어제 문기는 아무에게도 들키지 않은 채 깊숙한 곳에서 홀로 세상과 독대하고 있던 민재의 상처를 보았다. 민재뿐이랴. 군데군데 못 자국이 남아 있는 상처투성이의 사람들이 과거의 트라우마를 들키지 않으려는 듯 무표정한 얼굴로, 저 차갑고 외로운 회사의 정문을 오고 가고 있었다. 가끔씩 얼굴에 비치는 옅은 미소가 오히려 슬퍼 보였다.

***

"위원장님, 그런데 이건 도대체 무슨 말이에요? DC? DB?"

얼큰한 해장국을 같이 먹던 민재가 문기에게 말했다.

회사는 몇 년 전부터 퇴직금제도를 없애고 DB형 퇴직연금제도를 운영하고 있었다. 지난주 회사로부터 한 통의 공지메일이 날아왔다.

"근로기준법 개정에 선제적으로 대응하기 위하여 회사의 실제 근로시간도 연장근로를 포함한 기존 68시간에서 52시간으로 단축하기로 하였습니다. DB형인 경우, 근로시간 단축에 따라 퇴직 시 받게 될 퇴직연금 수령액이 줄어들 수 있습니다. 이에 따라 회사는 근로자퇴직급여보장법 제32조에 따라 과반수 노동조합인 A노동조합의 대표와 협의하여 DB형 외에 DC형을 추가로 도입하기로 합의하였습니다. DC형 퇴직연금제도로 전환하기를 원하는 직원들은 첨부한 서식을 작성하여 해당 팀장에게 제출해 주시기 바랍니다. 기타 사항들은 추후 다시 공지해 드리도록 하겠습니다."

　노동자들이 노동법만 모르는 건 아니었다. 금융도 몰랐다. 학교에서 배웠던 수요공급의 법칙은 하루하루 워라밸을 꿈꾸며 힘겹게 일하고 있는 노동자에겐 아무 의미가 없었다. 현장에서 바로바로 써먹을 수 있는 실물을 알아야 했고, 금융을 알아야 했다. 하지만 무엇 하나 배운 적이 없었다.

　노동법을 배운 적도 없었고, 금융경제를 배운 적도 없었다.
　스스로 각자도생의 생존법을 터득해야 했다.
　퇴직급여제도도 마찬가지였다.

　인사 담당자가 아닌 다음에야 DB나 DC를 알아야 할 필요성도 크게 느끼지 못했다.

　"위원장님, 얼핏 보니까 DB는 데이터베이스로 보이고, DC는 디스카운트로 보이네요. 퇴직금을 데이터베이스로 저장해 놓고, 나중에 할인, 들어가는 건가요? 크크크."

　민재는 싱거운 농담을 던졌다.

"퇴직금 제도는 퇴직급여를 지급하기 위한 돈을 회사 내에서 적립하고 회사에서 지급하는 제도야. 퇴직금은 1년 근무하면 한 달, 정확하게는 30일치의 평균임금이 나온다는 건 알고 있지? 1일 평균임금은 퇴직하긴 전 마지막 3개월을 가지고 계산하는 거고."

"네, 그건 예전에 조합원 교육할 때 들었어요. 그래서 퇴직을 앞둔 마지막 3개월에 너무 쉬지 말라고. 그런데 우리 회사는 퇴직금이 아니라 퇴직연금이잖아요?"

"그렇지. 퇴직연금은 퇴직급여를 지급하기 위한 돈을 외부 금융기관에 적립해 두는 제도야. 그런데 그 돈을 누구 명의로 적립하고, 누가 그 적립된 돈을 운용하는지에 따라서 DB형과 DC형으로 구분하고 있는 거야."

"아이고, 벌써부터 머리가 아파옵니다요. 일단 밥부터 드시지요."

자기가 말을 먼저 꺼내 놓고, 자기가 말을 끊었다. 회사뿐 아니라 민재에게도 법보다는 밥이 먼저였다.

***

DB형은 Defined Benefit의 줄임말이다. 우리말로는 확정급여형 퇴직연금이라고 한다. 지급해야 할 퇴직급여의 액수는 퇴직금과 동일했다. 다만, 외부 금융기관에 회사의 명의로 돈을 적립하고, 회사가 그 돈을 운용한다는 점이 달랐다. 만약 운용을 잘못해서 퇴직금만큼의 금액이 확보되지 않으면 추가적인 돈을 회사가 부담해야 했다.

"왜 회사에서는 DB형을 DC형으로 바꾼다고 하는 거죠? DB형을 유지하면 적어도 퇴직금에서 받는 것만큼은 받을 수 있는 거잖아요? 회사가 운용을 잘못 하더라도 그만큼은 받는 거니까 노동자 입장에서는 안정적일 것 같은데요?"

민재가 의아한 듯 문기에게 물었다.

"맞아. DB형은 퇴직금에서 주는 액수만큼은 줘야 하니까 꽤 안정적이긴 해. 그런데 약점이 있어."

"그게 뭔데요?"

"퇴직금은 퇴직 전 3개월로 계산한다고 했잖아. 마지막 3개월 동안에 받은 임금이 줄어들면 퇴직금도 줄어들 수 있어. DB형 퇴직연금도 똑같은 구조로 돼 있거든. 마지막 3개월 동안 68시간 일을 했으면 그만큼의 돈으로 퇴직금을 계산하지만, 52시간 일을 했으면 그만큼의 돈으로 퇴직금을 계산하는 거야. 근로기준법에서 최장 근로시간 한도를 68시간이 아니라 52시간으로 개정을 했으니까, 사실은 그만큼의 특근수당도 줄어들 수 있다는 거지. 대기업이야 뭐, 그 돈을 보전해 주는 경우가 많겠지만 우리 회사는 그렇게 해 주지 않을 거야. 그럼 실제로 퇴직급여가 줄어들 수 있어."

DC? 퇴직금 할인인가요?

근로시간이 단축되더라도 그 시간만큼 임금을 보전해 주거나 임금인상률이 높은 사업장은 여전히 DB형 퇴직연금의 메리트가 컸다. 하지만 임금인상률이 높지 않거나 근로시간 단축이 예상되는 사업장은 DB형 퇴직연금의 장·단점을 면밀하게 검토해야 했다.

***

"DC형 퇴직연금을 선택하면 민재 너도 투자에 대한 공부를 좀 하는 게 좋아."

"예? 제가요? 제가 그런 걸 어떻게 알아요?"

DC형은 Defined Contribution의 줄임말이다. 우리말로는 확정기여형 퇴직염금이라고 한다. 외부 금융기관에 근로자의 명의로 돈을 적립하고 그 적립금을 근로자가 운영해야 한다. 운용을 잘하면 수익이 날 수도, 운용을 잘못하면 손실이 날 수도 있었다. 손실을 원치 않은 근로자들은 주로 확정이자형 상품에 투자했고, 좀 더 공격적인 투자를 원하는 근로자들은 실적배당형 상품에 투자했다.

"회사는 연간 임금총액의 1/12에 대해서만 근로자 명의로 금융기관에 적립해 주면 돼. 나머지 손실과 수익에 대한 책임은 근로자가 지는 거야. 그래서 민재 너도 투자에 대한 공부를 좀 하는 게 좋아."

"에이, 저는 그런 거 잘 모르니까 확정이자형 상품에 투자할 거예요."

"그래. 아무래도 안전한 상품을 많이 선택하긴 해. 나쁘지 않은 선택이야. 그런데 근로시간 단축시간만큼 임금을 보전해 주면서 임금인상률이 높은 대기업에서 일하는 사람들은 그렇게 투자하면 DB형보다 높은 금액을 받긴 힘들 거야."

"예? 왜요?"

"생각을 해 봐. DB형은 마지막 3개월 동안에 받은 금액을 가지고 퇴직급여를 지급하는데, DC형은 매년 지급되는 금액을 가지고 지급해. 해마다 월급이 올라가는 것만큼 DC형의 수익이 높지 않으면 DB형보다 높은 금액을 받기는 어렵겠지⋯⋯ 게다가 현재 확정이자율이 높지도 않을 거고. 물론 우리 회사처럼 쥐꼬리만큼 임금을 인상하고, 근로시간도 많이 단축되는 사업장은 DC형으로 하는 게 좋겠지만 말이야."

"어쨌든 우리 회사는 68시간 노동을 하다가 52시간으로 단축하니까 퇴직급여액수가 다운될 수 있는 거죠? 그래서 DC형으로 전환하라는 거군요?"

"그렇지. 그런데 DC형으로 바꾸면 민재 네가 적립금을 운용을 해야 하니까 너무 넣 놓고 있지는 말라는 거지. 아무리 확정이자형 상품이라고 하더라도 네가 운용을 해야 하는 거니까, 금융상품에 대한 기본적인

DC? 퇴직금 할인인가요?

지식은 좀 가지고 있는 게 좋아. 우리 같은 소시민들이야 그런 여유가 없는 것도 사실이지만 말이야."

* * *

집으로 터덜터덜 걸어오다 문기는 주먹으로 머리를 쥐어박았다. 자신도 10년, 20년 뒤의 미래를 생각할 여유가 없었다. 〈미스트〉라는 영화에서 보았던 것처럼 한 치 앞도 보이지 않는 안개 속을 거니는 것 같았다. 하루하루 살아내는 것도 버거울 때가 있었다.

민재도 마찬가지일 거다. 부끄러웠다. 자신도 아무것도 모르면서 온갖 잘난 척을 하며 투자를 하라느니, 공부를 하라느니, 꼰대 같은 소리를 해댄 것 같았다.

퇴직할 때 과연 내 삶은 어떻게 바뀌어 있을까, 문기는 생각했다. 저 수많은 아파트 불빛 속에 내 이름으로 된 불빛 하나 가질 수 있을까. 지금 받고 있는 월급으로는 어림도 없겠지.

빌딩 한가운데 자리 잡고 있는 뉴스전광판에선 서울 강남의 집값이 몇 억이 뛰었다가 몇 천만 원이 떨어졌다며 호들갑을 떨고 있었다. 불로소득의 천국 같았고, 그들만의 리그 같았다.

여의도 공원의 한쪽에서는 '최저임금 10% 인상하라'라는 피켓을 든 노동자들의 시위가 열리고 있었고, 조금 더 올라간 국회의사당 앞에서는 '소상공인 다 죽겠다, 최저임금 동결하라'는 피켓을 든 소상공인들의 시위가 열리고 있었다. 대기업과 건물주의 탐욕에 대해서는 누구도 소리를 내지 않았다.

상처가 많은 사람들끼리, 서로의 상처를 주고받고 있었다.

연차휴가수당
내놓으세요

"연차휴가를 못 썼는데 수당을 안 준다고요? 그게 무슨 말씀입니까, 팀장님."

"아, 글쎄. 인사팀에서 그렇게 연락이 왔어. 나도 올해 연차휴가수당 못 받았어. 민재 씨만 그런 거 아니야."

크리스마스를 앞두고 날아온 월급명세서를 보고 직원들이 술렁였다. 문기의 회사에서 13월의 월급이란 연말정산만을 일컫는 용어가 아니었다. 연말에 지급되는 연차휴가수당도 그 금액이 만만치 않았다.

근속기간에 따라 15일치부터 25일치의 연차휴가수당이 지급되었다. 근속기간이 긴 노동자들은 거의 한 달치 월급을 받는 셈이었다. 쉼을 포기하고 일을 택한 노동자들에 대한 보상의 성격이 강했다.

근로기준법 제60조(연차 유급휴가)

① 사용자는 1년간 80퍼센트 이상 출근한 근로자에게 <u>15일의 유급휴</u>

가를 주어야 한다.

④ 사용자는 3년 이상 계속하여 근로한 근로자에게는 제1항에 따른 휴가에 최초 1년을 초과하는 계속 근로 연수 매 2년에 대하여 1일을 가산한 유급휴가를 주어야 한다. 이 경우 가산휴가를 포함한 총 휴가 일수는 <u>25일을 한도</u>로 한다.

$$휴가일수 = 15+[(X-1)/2]$$

X = 근속연수/소수점 이하 절사

민재는 근속기간 3년차 직원이어서 올해 15일의 연차휴가가 부여됐다. 내년에는 가산휴가 1일이 더해져서 16일이 부여된다. 연차휴가를 다 사용하는 직원들은 많지 않았다. 연차휴가를 쓸 시간이 없을 정도로 바쁜 직원도 있었고, 연차휴가수당을 더 받기 위해 연차휴가를 쓰지 않는 직원도 있었다. 팀장이 눈치를 줘서 사용하지 못하는 직원도 있었다. 어떤 이유에서건 연차휴가를 다 사용하는 직원들은 거의 없었다.

민재도 마찬가지였다. 연차휴가를 다 쓰지 못했다. 여름 휴가철이 가장 바쁜 시기라서 조금은 여유가 있는 가을에 5일의 연차휴가를 사용했다.

그마저도 죄인처럼 고개를 숙여 얻어낸 결과였다.

하지만 연차휴가수당이라는 13월의 보너스로 보상이 된다는 생각에 쉼을 확보하지 못한 아쉬움을 달랠 수 있었다. 그런데 12월의 월급명세서에는 연차휴가수당 항목에 어떠한 숫자도 찍혀 있지 않았다. 창밖으로는 월급명세서의 깨끗한 여백처럼 새하얀 첫 눈이 내리고 있었다.

> *누군가에게 첫눈은 깨고 싶지 않은 낭만이겠지만*
> *누군가에게는 그저 지독한 현실일 뿐이다.*
> *12월의 크리스마스에는 쉼도 없었고 돈도 없었다.*

***

발단은 7월 1일에 날아온 문서 한 장이었다. 전 직원에게 발송된 문서였다. 민재의 책상 위에도 똑같은 양식의 문서가 하나 놓여 있었다.

"연차휴가사용을 촉진하기 위해서 근로기준법 제61조에 따라 연차휴가사용계획서를 송부해 드립니다. 사용하지 아니한 휴가일수를 첨부해 드리오니 아직 연차휴가를 다 사용하지 못한 직원들은 휴가사용계획서에 휴가사용시기를 적어서 통보해 주시기 바랍니다. 미사용일수 전부에 대한 사용시기를 다 적어 주시기 바랍니다."

민재는 그 문서 한 장이 어떤 의미인 줄 몰랐다. 그냥 연차휴가를 가급적이면 다 사용하라는 설득 내지는 권면 같은 거라고 생각했다. 일단

급한 대로 팀장과 상의를 한 나음에 연차휴가 사용시기를 적어서 인사팀으로 발송했다. 자신의 손으로 적은 그 시기에 연차휴가를 다 사용할 수 있을 거라곤 생각조차 할 수 없었다.

남아 있는 한 방울의 기억조차 증발할 정도로 무더운 여름이었다. 7월의 문서 한 장은 그렇게 민재의 기억에서 사라져 갔다.

**

"민재 씨, 내일 연차휴가 쓰겠다고 한 날, 아냐? 쓸 수 있겠어?"

'아, 내일이 연차휴가 쓰겠다고 적어낸 날이었구나.'

팀장이 부하직원들의 연차휴가를 반겼다면
의문문을 사용하진 않았을 게다.

민재는 가볍게 피식 웃으며 대답했다.

"아이고, 팀장님. 지금 우리 팀 사정에 그게 가능하겠어요? 전 그냥 연말에 돈으로 받으렵니다."
"회사일은 너무 걱정하지 말고 내일 연차휴가 갔다 와. 괜찮으니까."

팀장이 평서문을 쓰는 순간 상황은 종료되어 있었다. 가정을 돌봐야

연차휴가수당 내놓으세요

했던 민재도 쉼보다 돈을 원했다. 두 사람의 이해관계가 결합되어 있었다.

***

"아니, 위원장님. 이게 말이 됩니까? 어떻게 연차휴가를 보상하지 않을 수가 있냐고요? 지금까지 휴가 쓸 사람은 휴가 쓰고, 안 쓰는 사람은 보상을 해 왔잖습니까? 하루아침에 이게 뭔 일이랍니까?"

마치 문기에게 얘기하면 무슨 해결책이라도 생길 것처럼 민재가 말했다.

"연차휴가사용촉진조항을 활용한 거야. 그거."
"네? 연차휴가사용촉진조항이요? 그게 뭐래요?"
"좋게 얘기하면 가급적 휴가를 쓰라는 조항. 안 좋게 얘기하면 돈 안 주겠다는 조항이야. 회사가 법에 따라서 연차휴가를 사용하기 위한 조치를 취했는데도 연차휴가를 사용하지 않으면 보상할 의무가 없다는 조항이지."

관행과 다른 무언가가 주위에서 발생했다면 독수리의 눈동자같이 매섭게 그 과정을 지켜봐야 한다. 은밀하게 진행되는 무언가가 있다는 거다. 하지만 현재의 노조에게 그런 감시자의 역할을 기대할 수는 없었다. 노조인지 동호회인지 알 수 없는 단체였다. 예스만을 외치는 예스맨으로 전락한지 오래였다. 단체협약으로 연차휴가촉진조항을 활용하는 것을 막을 수도 있었다. 하지만 오히려 노조가 앞장섰다.

"이제 우리도 삶의 질을 생각해야 할 때입니다. 쉼의 가치를 고민해야 할 시기입니다."

노조 위원장이 소리를 높여 외친 것이 기억났다. 쉼의 가치는 중요하다. 틀린 말은 아니었다.

하지만 기본급이 낮은 우리나라의 급여체계에서 연장근로수당이나 연차휴가수당 같은 부가적 수당들이 사실상 임금을 보전하는 역할을 수행해 왔다는 것도 간과해서는 안 된다. 돈을 벌기 위해서는 쉼을 버려야 했고, 쉼을 취하긴 위해선 돈을 포기해야 했다. 휴식과 보상이 동지가 아니라 적이 되어 있는 문화였다. 쉽게 그 가치를 판단할 수 있는 문제는 아니었다.

***

연차휴가촉진조항이 만들어진지 꽤 시간이 흘렀다. 법에서 정한 절차대로 휴가사용을 독려하게 되면, 사용하지 않은 연차휴가가 있다고 하더라도 보상해 줄 의무가 없었다. 돈을 버리고 쉼을 취하겠다는 철학으로 만들어진 것이었지만 현실은 그리 가볍지 않았다.

현실은 간교한 여우와도 같았다.

쉼도 버려지고 돈도 증발해 버린 사업장이 적지 않았다. 7월 1일에 연차휴가사용계획서가 날아온 것은 휴가촉진절차의 첫 단계였기 때문이다.

연차휴가수당 내놓으세요

연말까지 연차휴가를 사용해야 하는 사업장에서 연차휴가사용촉진 조항을 통해 미사용휴가에 대한 보상의무를 면제받기 위해서는 7월 1일부터 7월 10일 사이에 **근로자에게 남아 있는 연차휴가를 언제 사용할지 통보해 줄 것을 서면으로 촉구해야 한다.**[28]

"민재 네가 연차휴가를 언제 쓸지 통보해 준 거잖아. 그러면 그때 연차휴가를 써야 해. 안 쓰더라도 회사가 금전으로 보상할 의무는 없다는 거지."

"네? 그래요? 그러면 제가 언제 연차휴가를 쓸지 통보를 안 해 주면 되겠네요?"

"법을 그렇게 허술하게 만들어 놓았겠니? 만약에 근로자가 10일 이내에 휴가사용시기를 통보 안 해 주면 사용자가 사용시기를 통보하는 것으로 만들어 놓았어. 10월 말까지."

법으로 정한 절차에 따라 연차휴가를 촉구했다면, 남아 있는 연차휴가일수에 대해서 보상할 필요가 없었다.

돈 대신 쉼이 주어졌다면 그나마 법의 생각대로 현실이 움직이는 거였다. 하지만 쉼도 앗아가고, 돈도 주지 않는 형태로 법이 악용되는 경우도 많았다. 문기와 민재의 사업장도 그랬다.

"아니, 사용시기를 정했더라도 바빠 죽겠는데 어떻게 휴가를 씁니까? 상사들도 은근슬쩍 눈치를 주고요. 그러면 적어도 돈은 줘야 하는 것 아닌가요?"

"그러게. 노동조합이 조금 협상을 해서 어느 정도는 보상을 하도록 단체협약을 체결했으면 좋을 텐데 지금 노조야 뭐, 민재 너도 알잖아. 어용인 거. 저번에 창립기념일도 노조 위원장이 합의해서 연차휴가로 사용한 거 기억 안 나?"

근로자대표와 서면으로 합의하면 특정일을 연차휴가로 갈음할 수 있다는 조항[29)]도 있었다. 모든 법은 선용되기도 하고 악용되기도 한다. 많은 기업에서 이 조항을 악용해서 쉬기 싫은 노동자들을 억지로 쉬게 하기도 했다. 법정공휴일을 연차휴가로 갈음하는 사업장도 많았다.

임금의 양극화만큼 쉼의 양극화도 심화되어 갔다. 헤어 나올 수 없는 블랙홀에 빠진 듯, 그 간극은 좁혀지지 않았다.

***

퇴근길에도 여전히 눈이 내리고 있었다.

첫눈이 민재의 머리 위에 쌓였다. 무거웠다.

그 무게를 이기지 못하고 자꾸만 고개가 땅을 향했다.

빠져나올 수 없을 것 같은 지독한 현실의 한가운데에서, 고개를 푹 숙인 채 목적지도 없는 사람처럼, 터덜터덜 걸어갔다.

대설경보가 발령되었다.

연차휴가수당 내놓으세요

미주   1) **근로기준법 제28조(부당해고등의 구제신청)**

① 사용자가 근로자에게 부당해고등을 하면 근로자는 노동위원회에 구제를 신청할 수 있다.

② 제1항에 따른 구제신청은 부당해고등이 있었던 날부터 3개월 이내에 하여야 한다.

2) **근로기준법 제27조(해고사유 등의 서면통지)**

① 사용자는 근로자를 해고하려면 해고사유와 해고시기를 서면으로 통지하여야 한다.

② 근로자에 대한 해고는 제1항에 따라 서면으로 통지하여야 효력이 있다.

3) 따라서 사용자가 해고사유 등을 서면으로 통지할 때는 근로자의 처지에서 해고의 사유가 무엇인지를 구체적으로 알 수 있어야 하고, 특히 징계해고의 경우에는 해고의 실질적 사유가 되는 구체적 사실 또는 비위내용을 기재하여야 하며, 징계대상자가 위반한 단체협약이나 취업규칙의 조문만 나열하는 것으로는 충분하다고 볼 수 없다. (대법원 2011.10.27. 선고 2011다42324 판결)

4) **근로기준법 제26조(해고의 예고)**

사용자는 근로자를 해고(경영상 이유에 의한 해고를 포함한다)하려면 적어도 30일 전에 예고를 하여야 하고, 30일 전에 예고를 하지 아니하였을 때에는 30일분 이상의 통상임금을 지급하여야 한다.

5) 근로기준법 제35조(예고해고의 적용 예외) 제26조는 다음 각 호의 어느 하나에 해당하는 근로자에게는 적용하지 아니한다.

1. 일용근로자로서 3개월을 계속 근무하지 아니한 자

2. 2개월 이내의 기간을 정하여 사용된 자

4. 계절적 업무에 6개월 이내의 기간을 정하여 사용된 자

5. 수습 사용 중인 근로자

6) **근로기준법 제23조(해고 등의 제한)**

① 사용자는 근로자에게 정당한 이유 없이 해고, 휴직, 정직, 전직, 감봉, 그 밖의 징벌(懲罰)(이하 "부당해고등"이라 한다)을 하지 못한다.

7) 해고는 사회통념상 고용관계를 계속할 수 없을 정도로 근로자에게 책임 있는 사유가 있는 경우에 행하여져야 그 정당성이 인정되는 것이고, 사회통념상 당해 근로자와의 고용관계를 계속할 수 없을 정도인지의 여부는 당해 사용자의 사업의 목적과 성격, 사업장의 여건, 당해 근로자의 지위 및 담당직무의 내용, 비위행위의 동기와 경위, 이로 인하여 기업의 위계질서가 문란하게 될 위험성 등 기업질서에 미칠 영향, 과거의 근무태도 등 여러 가지 사정을 종합적으로 검토하여 판단하여야 한다. (대법원 2003.7.8,2001두8018)

8) 징계대상자에게 징계위원회에 출석하여 변명과 소명자료를 제출할 기회를 부여하도록 되어 있음에도 불구하고 이러한 징계절차를 위배하여 징계해고를 하였다면 이러한 징계권의 행사는 징계사유가 인정되는 여부에 관계없이 절차에 있어서의 정의에 반하는 처사로서 무효라고 보아야 할 것이다. (대법원 1991.7.9. 선고 90다8077 판결)

9) 2011년 7월 1일부터 하나의 기업에 2개 이상의 복수노조를 만들 수 있도록 법이 시행되고 있다.

10) **헌법 제33조**

① 근로자는 근로조건의 향상을 위하여 자주적인 단결권·단체교섭권 및 단체행동권을 가진다.

11) 우리 법은 헌법상 노동3권 실현활동에 대한 사용자의 침해 내지 간섭행위를 금지하고 있는데 이렇게 금지되는 사용자의 제반행위를 부당노동행위라고 한다. (노동조합 및 노동관계조정법 제81조 참조)

12) 부당노동행위가 되는 위장폐업이란 기업이 진실한 기업폐지의 의사가 없이, 다만 노동조합의 결성 또는 조합활동을 혐오하고 노동조합을 와해시키기 위한 수단으로서 기업을 해산하고 조합원을 전원 해고한 다음 새로운 기업을 설립하는 등의 방법으로 기업의 실체가 존속하면서 조합원을 배제한 채 기업활동을 계속하는 경우를 말한다. (대법원 1991.12.24. 선고 91누2762 판결)

13) **근로기준법 제33조(이행강제금)**

① 노동위원회는 (부당해고) 구제명령을 받은 후 이행기한까지 구제명령을 이행하지 아니한 사용자에게 2천만원 이하의 이행강제금을 부과한다.

14) **노동조합 및 노동관계조정법 제33조(기준의 효력)**

① 단체협약에 정한 근로조건 기타 근로자의 대우에 관한 기준에 위반하는 취업규칙 또는 근로계약의 부분은 무효로 한다.

② 근로계약에 규정되지 아니한 사항 또는 제1항의 규정에 의하여 무효로 된 부분은 단체협약에 정한 기준에 의한다.

15) 노동조합의 구성원인 근로자의 노동조건 기타 근로자의 대우에 관한 사항(징계·해고 등 인사의 기준이나 절차, 근로조건), 단체적 노사관계의 운영에 관한 사항(노동조합의 활동, 노동조합에 대한 편의제공, 단체교섭의 절차와 쟁의행위에 관한 절차 등에 관한 사항)으로서 사용자가 처분할 수 있는 사항은 단체교섭대상이 될 수 있다. (대법원 2003.12.26. 선고 2003두8906 판결)

16) **노동조합 및 노동관계조정법 제81조(부당노동행위)**

사용자는 다음 각 호의 어느 하나에 해당하는 행위(이하 "不當勞動行爲"라 한다)를 할 수 없다.

3. 노동조합의 대표자 또는 노동조합으로부터 위임을 받은 자와의 단체협약체결 기

타의 단체교섭을 정당한 이유 없이 거부하거나 해태하는 행위

17) **노동조합 및 노동관계조정법 제45조(조정의 전치)**

② 쟁의행위는 제5장제2절 내지 제4절의 규정에 의한 조정절차(제61조의2의 규정에 따른 조정종료 결정 후의 조정절차를 제외한다)를 거치지 아니하면 이를 행할 수 없다.

18) **노동조합 및 노동관계조정법 시행령 제17조(쟁의행위의 신고)**

노동조합은 쟁의행위를 하고자 할 경우에는 고용노동부령이 정하는 바에 따라 행정관청과 관할노동위원회에 쟁의행위의 일시·장소·참가인원 및 그 방법을 미리 서면으로 신고하여야 한다.

19) ⟨사업체 규모별 노조 조직현황: 2016년 기준 총 조합원 1,966,881명 중 주 사업체 규모 산정이 어려운 경우를 제외한 1,803,324명을 기준으로 계산⟩⟨출처: 고용노동부, 2016년 노동조합 조직현황⟩

구분	30명 미만	30~99명	100~299명	300명 이상
임금근로자수	11,434,000	3,750,000	1,993,000	2,458,000
조합원수	19,290	130,805	299,531	1,353,698
조직률	0.2	3.5	15.0	55.1

20) ⟨조합원규모별 노조 조직현황⟩⟨출처: 고용노동부, 2016년 노동조합 조직현황⟩

구분	50명 미만	50~90명	100~299명	300~499명	500~999명	1000명 이상	총계
노조수 (비율)	3,439 (56.3)	919 (15.1)	1,035 (17.0)	249 (4.1)	224 (3.7)	237 (3.9)	6103 (100)
조합원수 (비율)	53,696 (2.7)	65,175 (3.3)	171,916 (8.7)	95,517 (4.9)	155,428 (7.9)	1,425,149 (72.5)	1,966,881 (100)

21) 정리해고나 사업조직의 통폐합, 공기업의 민영화 등 기업의 구조조정의 실시 여부는 경영주체에 의한 고도의 경영상 결단에 속하는 사항으로서 이는 원칙적으로 단체교섭의 대상이 될 수 없고, 그것이 긴박한 경영상의 필요나 합리적인 이유 없이 불순한 의도로 추진되는 등의 특별한 사정이 없는 한, 노동조합이 실질적으로 그 실시를 반대하기 위하여 쟁의행위에 나아간다면, 비록 그 실시로 인하여 근로자들의 지위나 근로조건의 변경이 필연적으로 수반된다 하더라도 그 쟁의행위는 목적의 정당성을 인정할 수 없는 것이다. (대법원 2006.5.12. 선고 2002도3450 판결)

22) 정리해고 등을 제한하는 내용의 단체협약. 일반적으로 "정리해고를 하지 아니한다." 혹은 "정리해고 시 노조와 합의하여 시행한다."는 등의 문구를 둔다.

23) 직장 또는 사업장시설의 점거는 적극적인 쟁의행위의 한 형태로서 그 점거의 범위가 직장 또는 사업장시설의 일부분이고 사용자 측의 출입이나 관리지배를 배제하지 않는 병존적인 점거에 지나지 않을 때에는 정당한 쟁의행위로 볼 수 있으나, 이와 달리 직장 또는 사업장시설을 전면적, 배타적으로 점거하여 조합원 이외의 자의 출입을 저지하거나 사용자 측의 관리지배를 배제하여 업무의 중단 또는 혼란을 야기케 하는 것과 같은 행위는 이미 정당성의 한계를 벗어난 것이라고 볼 수밖에 없다. (대법원 2007.12.28. 선고 2007도5204판결)

24) **노조법 제46조(직장폐쇄의 요건)**

① 사용자는 노동조합이 쟁의행위를 개시한 이후에만 직장폐쇄를 할 수 있다.

25) 직장폐쇄는 회사를 보호하기 위하여 수동적, 방어적으로 해야지만 정당성이 인정된다. 적극적으로 노동조합의 조직력을 약화시키고 노조를 와해하기 위해서 행하는 공격적 직장폐쇄는 허용되지 않는다. (대법원 2016.5.24. 선고 2012다85335 판결 참조)

26) 히가시노 게이고 저, 김난주 역, 《기린의 날개》, 도서출판재인, 2017.2., pp.133-134.

27) 근로자가 업무 중 사고로 인하여 상해를 입은 경우 산재처리를 하게 되면 근로복지
공단으로부터 요양급여, 휴업급여, 장해급여 등을 받을 수 있는데, 산재처리를 하
지 않고 회사와 합의를 하여 치료비, 휴업손해, 일실이익, 위자료 등을 받는 보상처
리 방법 중의 하나를 공상처리라 한다.

28) **근로기준법 제61조(연차 유급휴가의 사용촉진)**

제61조(연차 유급휴가의 사용 촉진) 사용자가 제60조제1항 및 제4항에 따른 유급
휴가의 사용을 촉진하기 위하여 다음 각 호의 조치를 하였음에도 불구하고 근로자
가 휴가를 사용하지 아니하여 제60조제7항 본문에 따라 소멸된 경우에는 사용자
는 그 사용하지 아니한 휴가에 대하여 보상할 의무가 없고, 제60조제7항 단서에 따
른 사용자의 귀책사유에 해당하지 아니하는 것으로 본다.

　　1. 제60조제7항 본문에 따른 기간이 끝나기 6개월 전을 기준으로 10일 이내에
　　　 사용자가 근로자별로 사용하지 아니한 휴가 일수를 알려주고, 근로자가 그
　　　 사용 시기를 정하여 사용자에게 통보하도록 서면으로 촉구할 것

　　2. 제1호에 따른 촉구에도 불구하고 근로자가 촉구를 받은 때부터 10일 이내에
　　　 사용하지 아니한 휴가의 전부 또는 일부의 사용 시기를 정하여 사용자에게
　　　 통보하지 아니하면 제60조제7항 본문에 따른 기간이 끝나기 2개월 전까지
　　　 사용자가 사용하지 아니한 휴가의 사용 시기를 정하여 근로자에게 서면으로
　　　 통보할 것

29) **근로기준법 제62조(유급휴가의 대체)**

사용자는 근로자대표와의 서면 합의에 따라 제60조에 따른 연차 유급휴가일을 갈
음하여 특정한 근로일에 근로자를 휴무시킬 수 있다.

"그래서 결심했어.
차라리 삶을 리셋해 버리자고 말이야."

현대판 카스트 제도 같은 거였다.
사람이 벌레가 되었다.
사람이 존중의 대상이 아니라 혐오의 대상이 되었다.

장그래 씨,
안녕하신가요?

책 냄새가 좋았다. 낙엽 태우는 냄새조차 향기롭게 느껴진다던 수필 가도 있었지만, 그 냄새는 기껏해야 잠깐 타오르는 순간의 향내일 뿐, 책의 냄새와는 질적으로 다른 것이었다.

잠깐이나마 삶의 중심에서 삶의 경계선으로 벗어나, 삶을 관망하고 자신을 성찰할 수 있었던 행복했던 시간.

하지만 이제 책에서만 맡을 수 있는, 표현할 수조차 없는 -마치 그 냄새에 중독된 듯 일주일 혹은 한 달에 한두 번은 그 냄새를 맡아야 살 수 있을 것 같은- 그런 냄새는 추억 속의 향기가 되어 버렸다.

그저 잠깐의 쉼을 위해서 온 것뿐이었는데 책방을 나서는 순간, 투사가 되어야 했고 세계화 시대의 전사가 되어야 했다. 한신은 중얼거렸다.

'그래, 정말 죽을 수도 있어. 몸값을 올리기 위해 끊임없이 움직이지 않으면 죽을 수도 있을 거야. 그것이 이 시대, 절박한 절반의 진리일지도 몰라.'

안타까웠다. 기분 좋은 향내를 풍기던 책이라는 존재가 이제 더 이상 오랜, 그리고 친근한 벗이 아니라는 사실이 말이다. 서점도 이젠 안식처가 아니었다. 조그마한 삶의 축소판인 걸까. 서점 평대에 진열되어 있는 책들은 온통 경쟁으로 가득 차 있었다.

***

한신은 책을 좋아했다. 책 속에서 앎을 얻는 것이 즐거웠다. 앎이 곧 삶이라고 믿었다. 알고 있다면 행할 수 있다고 생각했다. 앎과 삶, 그것이 만날 수 없는 평행선이 될 수도 있음을 깨닫지 못했다.

전쟁터와 같은 현실에서,
티끌같이 조그마한 앎조차도 삶이 될 수 없었다.

앎만 있고, 삶은 사라져 갔다. 정답이 무엇인지는 알 것 같은데, 그것을 삶에서 적는 것은 어려웠다.

'과연 내가 정답을 알고 있기는 한 걸까?'

한신은 점점 자신감을 상실해 갔다. 한때 진리라는 한 단어를 삶으로 옮기기 위해 노조 간부로 활동하기도 했다. 알바를 할 때는 민주와 서연과 민기에게 노동법을 알려 주기도 했다.

하지만 몇 년이 지난 지금, 서연은 고개를 푹 숙인 여성 노동자로 살고 있었고, 민기는 대기업의 하청업체에서 외롭고 힘들게 자신만의 방식으로 투쟁하고 있었다.

그리고 민주 누나…… 민주는 중견기업에서 대기업이 된 인사팀의 과장이 되어 노동조합의 적이 되어 있었다. 아이를 어르고 달래느라 지쳐 쓰러져 있는 민주를 보며 한신은 아팠다. 이런 결말을 기대한 것은 아니었다. 하지만 민주의 의지는 아니었다. 생각할 겨를도 없이 세계화의 바람이 사막의 한가운데로 한신과 민주를 밀어냈다. 사막의 모래바람을 피하고 살포시 눈을 떠 보니, 생각과는 다른 자리에 서 있었을 뿐이었다.

지하철 역사 옆의 별다방에서 민주를 만났던 그 시절이 뇌리를 스쳐 지나갔다. 그날 한신은 민주의 회사에 입사원서를 넣었지만 보기 좋게 탈락했다. 청년 노조의 간부를 정규직 사원으로 받아주는 회사는 많지 않았다. 누구에게든 위로받고 싶었다. 그때 민주 누나가 떠올랐다. 한신은 민주 누나에게 전화를 했다.

"누나, 밥 사 줄래요? 제가 커피는 살게요."

민주는 한신을 위로했다. 민주는 누나라기보다는 좋은 말동무였다. 한신은 민주 누나가 좋았다. 특별한 이유가 있는 것은 아니었다. 민주도 한신의 어른스러움이 좋았다. 한신은 포근하고 생각이 깊었다.

민주가 둘째를 낳고 나서 얼마 후 한신의 회사가 폐업을 했다. 중국의 저가공세 앞에서 손쓸 틈도 없이 쓰러졌다. 두 아이를 키우기 위해서는 맞벌이를 해야 했다. 한신은 기간제 노동자로 취업을 했다. 11개월만 일하는 것으로 근로계약을 체결했다. **퇴직급여가 지급되지 않았고, 1년 이상 근무하면 발생하는 연차휴가도 부여되지 않았다.**[1]

1년도 안 되게 계약기간을 정하는 건 합법적인 갑질이었다.

이른바 쪼개기 계약이라는 이름으로
한신의 삶이 쪼개지고 있었다.

한 달을 쉰 후 공개채용 형태로 다시 11개월의 계약직 노동자로 회사에 들어갔다.

사무직 노동자로서의 한신의 능력은 탁월했다. 각종 문서 프로그램을 다룰 수 있었고 프레젠테이션도 능숙하게 해냈다. 하지만 회사는 한신의 능력을 보지 않고, 한신의 계약서만 보았다. 한신은 그저 11개월만 근무하면 나가야 할 회사의 비품에 불과한 존재였다. 그것이 현실이었다.

2년을 초과해서 일하면 무기계약 근로자가 된다는 법률조항[2]이 있었지만, 2년이 되기 전에 계약을 종료하면 휴지조각에 불과한 조항이었다. 현실은 그렇게 녹록하지 않았다.

웹툰 〈미생〉의 장그래라는 인물이 떠올랐다. 원인터내셜의 계약직 사원 장그래. 결국 회사는 장그래를 정규직으로 채용하지 않았고, 장그래는 바둑판의 바깥으로 밀려 나갔다. 지금쯤 장그래는 어떻게 살고 있을까? 행복할까? 우리 사회의 온갖 차별을 깨부수며 당당하게 저 도시의 불빛 가운데 하나를 차지하고 있을까?

장그래 씨, 안녕하신가요?

***

현실은 부끄러움마저 상실해갔다. 차별은 아예 눈앞에서 벌어졌다. 회사는 기간제에게까지 어떻게 병가를 부여하냐며 기간제 노동자의 질병을 나무랐다.

아픔마저 차별했다.

설과 추석 명절에 정규직에게는 스팸을, 계약직에게는 식용유를 나눠주었다. 정규직에게는 중식대와 교통비 10만 원, 기간제에게는 5만 원을 지급했다.

"정규직은 비싼 밥 먹어야 소화가 되는 모양이지?"

"누구는 택시 타고 오고, 누구는 걸어서 오나?"

"식용유는 또 뭐야? 자기들 스팸 먹을 때 우리는 식용유로 구우란 건가?"

회사의 불합리한 차별에 대해 기간제 노동자들은 분노했다. 감정적인 것만은 아니었다. **그런 차별은 법적으로도 금지되어 있었고, 노동위원회에 차별을 시정해 달라고 신청할 수도 있었다.**[3] 하지만 앞으로 나서는 기간제 노동자가 없었다. 계약기간이 정해져 있다는 건 거대한 족쇄와도 같았다. 성희롱을 당해도 참았다. 차별을 당해도 노동위원회에 신청하지 않았다. 불합리한 차별과 성희롱을 외치는 순간, 다음번 계약에서 배제될 게 뻔했다. 정규직과 계약직이라는 용어는 사실상 사회적 신분이라는 굴레 속에서 사용되었다.

현대판 카스트 제도 같은 거였다.

노동의 문제가 논의되는가 싶다가도 결론은 경쟁력으로 마무리되었다. 숨 가쁘게 인간됨을 유보하고서 달려온 지난 세월을 다시 연장하자는 부탁으로 소설의 끝은 마무리되었다. 항상 그랬다. '그게 현실인걸, 뭐'라는 무기력한 중얼거림이 우리 사회를 지배했다.

"비정규 노동자의 비율이 50%가 되든 안 되든, 나는 정규직 노동자니까 그냥 모른 척 눈을 감고 있으면 돼."

"유해물질이 온 공간을 휘젓고 다니는 좁디좁은 공간에서 청년들이 최저임금도 못 받고 있지만, 내 자식도 아닌데 뭘. 착취를 당하든 말든 내가 간섭할 일은 아니지. 뭐."

"제발 조용히 좀 살 수 없나? 국가 경쟁력을 올리려면 몇몇 사람들의 희생은 불가피한 거야. 나만 아니면 돼. 그 정도의 희생은 감수해야 되는 것 아닌가?"

이미 공동체는 무너져 있었다. 한신은 자신의 지난날이 어떤 의미가 있었는지 의심스러웠다. 침대에 누워 천장을 향해 옅은 한숨을 내쉬었다.

"여보, 괜찮아?"

"응. 괜찮아. 그냥, 내가 요즘 꽤 변했구나, 그런 생각이 들어서."

"왜? 자기가 뭐가 변해? 내가 볼 때는 그대로인데."

"그런가? 몇 년 전만 하더라도 이런 차별이 있으면 내가 나서서 노동위원회에 찾아가든지 회사 앞에서 데모를 했겠지. 그런데 지금은 그냥 참고 있잖아."

"그게 현실이잖아. 이제 우리 둘만 있는 것도 아니고, 아이들도 있고. 당신같이 반듯하게 살아온 사람, 별로 없어. 자책하지 마."

'근로기준법을 가르쳐 줄 수 있는 대학생 친구 하나가 있었으면 좋겠다'던 전태일의 말이 한신의 심장을 후벼 파는 것 같았다. 그의 말이 아팠다. 그 아픔을 견딜 수 없어 노동법을 공부했다. 하지만 한신의 삶 역시 현실이었다. 철저한 시장 중심의 철학 앞에 침묵하면서 현실과 적당히 타협하고, 그러면서도 우리 사회의 연대성과 평등의 부재에 대해 어쭙잖은 고민만 하고 있는 게 아닐까. 그런 어중간한 회색지대로 남게 되는 건 아닐까, 한신은 생각했다.

말이 많은 시대다. 하지만 행동하지 못하는 수많은 말들이 우리 사회를 얼마나 바꾸어 낼 것인가. 우리 사회의 변화는 그 시대의 양심들이 행동한 결과다. 양심이 그저 양심으로만 존재하는 것이라면 그 양심은 '나는 저 양심도 없는 사람들과 달리 아파할 수 있는 양심을 가지고 있다'는 자기만족에 불과하다.

4.19 혁명이나 5.18 광주 민주화운동이나 87년 6월 민주항쟁이나 우리 사회를 변화시킨 모든 운동의 중심에는 행동하는 양심들의 자기희생과 행동이 있었다. 그들은 단지 불의에 분노했을 뿐이며 자신의 양심의 소리에 따라 행동했을 따름이다. 나라의 국익이니 경제발전이니 하는 거대 담론 속에 자신의 양심을 버려두지 않았다.

침묵은 양심의 무덤일 뿐이겠지.

한신은 고개를 돌려 민주의 눈을 조용히 바라보았다. 그 눈 속에 현실이 있었고, 이상이 있었다. 영원히 조우할 수 없을 것 같은 두 단어가 민주의 작은 눈 안에서 공존하고 있었다.

다만, 무자비한 시간과 현실 앞에서 이상은 희미해져가고 있었다. 그저 가벼운 눈웃음으로 서로를 위로할 뿐이었다.

작아도
아름다울 수 있을까

노동의 법전에서 깊이 가라앉아 있던 4라는 숫자가 기억의 수면 위로 떠올랐다.

'예전엔 왜 이 내용이 보이지 않았던 걸까?'

노동법에 자주 등장하는, 존재감이 분명한 숫자였지만 한신은 눈여겨 보지 않았다. 현실과 무관한 숫자였다.

현실과 조우하지 못한 지식은 잠시 기억의 저장소에 머물다 이내 소멸해 버렸다.

***

11개월의 계약기간이 끝났다. 회사는 한신을 정규직으로 전환하지 않았다. 아무리 탁월한 능력을 보여줘도 소용없었다. 온갖 유력 인사들의 도련님들로 가득 차 있는 회사에서 한신은 그저 스쳐 지나가는 인연에 불과했다.

"한신 씨, 그동안 고마웠어요. 계속 같이 일했으면 좋겠는데, 미안해요. 내 마음대로 결정할 수 있는 건 아니라서……"

소소한 팀장의 위로가 고마웠다. 사실 팀장은 한신을 정규직원으로 하기 위해 물심양면으로 노력했다. 하지만 뜬금없이 내려온 낙하산이 팀장의 노력을 수포로 만들었다. 낙하산이 그나마 비어 있던 한 자리마저 덮쳐 버렸다.

그저 하루 지나면 없어질, 계약직 노동자의 초라한 체취만 남았다. 한신은 깔끔하게 책상을 정리했다. 출입증 카드도 반납했다. 팀장과 팀원들에게 가볍게 목례를 했다. '수고했어'라는 영혼 없는 멘트가 들렸다. 회사의 회전문을 빠져나왔다.

자동으로 돌아가는 회전문처럼,
자신의 의지와는 무관하게 인생이 돌아가고 있었다.

근로기준법은 해고를 편애했다. 해고를 하기 위해서는 정당한 이유가 있어야 한다고 외치고 있었다. 해고를 하기 위해서 30일 전에 미리 예고해야 하고, 해고는 서면으로 통지해야 한다고 조곤조곤 말하고 있었다.

하지만 계약기간 만료 따위는 마치 버린 자식처럼 취급했다. 그냥 기간이 끝났을 뿐이었다. 예고를 할 의무도 없었고 서면으로 통지할 의무도 없었다. 무엇보다 왜 계약을 연장하지 않는 것인지 회사가 그 이유를 설명할 필요도 없었다. 2년을 초과하면 무기계약직으로 본다는 조항만이 덩그러니 남아 현실을 조롱하고 있을 뿐이었다.

그나마 실업급여라도 받을 수 있어서 다행이었다. 한신은 최대 120일간의 실업급여를 받을 수 있었다. 하지만 그리 긴 기간은 아니었다. 상대성이론의 진리를 입증이라도 하는 것처럼 실제의 물리적인 속도보다 훨씬 더 빨리 시간이 흘러갔다.

***

한신은 작은 출판사에 취업했다. 민주는 조금 더 시간을 갖고 생각해 보라고 했지만, 시간을 두고 생각할수록 현실은 더욱 무거워져 갔다. 때론 생각조차 비워야 했다.

지인이 다리를 놓아 주었다. 이것저것 가릴 형편이 아니었다.

사장을 제외하면 3명이 근무하고 있는 소규모 출판사였다. 기획을 담당하는 부장이 있었고, 편집자가 1명, 영업 담당자가 1명 있었다. 한신은 홍보와 마케팅을 맡았다. 디자인은 외부 업체에 맡기고 있었다.

작아도 아름다울 수 있을까

책도 좋았고 출판사의 일도 나름 적성에 맞았다. 동료들도 책에 대한 사명감이 있어 보였다. 무엇보다 다들 성격이 좋아 보였다. 인간관계에서 오는 스트레스가 없다는 게 너무 좋았다.

**

하지만 문제는 뭐니 뭐니 해도 돈이었다. 자본주의 사회에서 돈이란 다른 모든 것들을 집어삼킬 수 있는 유일무이한 가치였다. 회사가 망할라치면 사명감 따위 내려놓고 팔릴 수 있는 책을 만들어야 했다. 좋은 책이란 많이 팔리는 책이었다.

월급이 하루 늦게 나오자 그 선한 동료의 입에서 육두문자가 튀어나왔다. 가난은 사람의 성격마저 바꿀 수 있었다. 한 달도 지나지 않아 한신은 소규모 사업장의 실체를 알 수 있었다.

서너 명이 화기애애한 분위기에서 하하, 호호 웃으며 삶의 철학을 공유하는 화목한 가정이 아니었다. 하루라도 한눈을 팔았다간 어디에서 날아온 지도 모르는 총탄에 죽을 수도 있는, 최전방의 치열한 전장이었다.

> 살기 위해 사장은 인건비를 줄여야 했고,
> 살기 위해 직원들은 한 푼의 돈이라도 받아 내야 했다.
> 투박하지만 예리한 계급의식이
> 이 작은 10평짜리 공간에서 은밀하게 부딪히고 있었다.

함께 회사의 미래를 걱정하며, 같은 운명공동체라 말하며, 함께 웃으며 밥을 먹었다. 하지만 사장은 사장이었고 노동자는 노동자였다. 그 근본적인 존재의 차이를 부정할 수는 없었다.

***

올해 초에 출간한 두 권의 책이 꽤 입소문이 났다. 회사의 재정이 눈에 띄게 좋아졌다. 마케팅을 조금만 더 하면, 더 많은 수익을 낼 수 있을 것 같았다.

"이번 책이 꽤 매출이 괜찮은데, 한두 명만 더 마케팅 인력으로 채용하면 어떨까요? SNS에 홍보할 수 있는 알바도 좋고요."

부장은 한신의 말이 끝나기도 전에 말을 잘랐다.

"한신 과장님. 우리 사업장의 근로자 정원은 4명입니다. 더 이상 채용하진 않을 거예요. 그게 사장님 방침이기도 하고요."

티오가 4명이라는 부장의 말을 듣는 순간, 오래전에 보았던 숫자 4의 잔상이 기억의 수면 위로 떠올랐다.

작아도 아름다울 수 있을까

4명 이하 사업장의 노동시간

모든 업종이 그러하듯이 마감일을 앞둔 사무실은 거대한 오일장이 열린 것처럼 소란스러웠다. 전화기 속 목소리의 데시벨이 두 배 이상 올라갔고, 화장실에 왔다 갔다 하는 속도도 두 배 이상 빨라졌다. 반면에 노동시간은 엿가락처럼 늘어졌다. 마감일을 앞둔 어느 늦은 밤, 한신은 건물의 1층 로비에서 커피 한 잔을 마시고 있었다. 10시 뉴스가 들려왔다.

"2018년 7월 1일부터 근로자가 300명 이상 되는 사업장은 1주 40시간을 기준으로 휴일을 포함하여 12시간까지만 연장근로를 할 수 있습니다"라는 뉴스 앵커의 목소리가 들렸다. 50명 이상 되는 사업장은 2020년 1월 1일부터, 5명 이상 되는 사업장은 2021년 7월 1일부터 개정된 근로기준법이 시행된다고 했다. 앵커는 "이제 워라밸로 가는 첫 단추가 꿰어졌습니다"라며 그 의미를 설명했다.

하지만 그 앵커의 설명 속에 4명 이하 사업장은 빠져 있었다. 몇 년 동안 논쟁하던, 그 떠들썩한 법 개정의 자리에 노동자 수가 4명 이하인 사업장이 들어갈 공간은 없었다. 노동자 4명 이하 사업장은 근로기준법상 노동시간의 적용을 받지 않았다.

1주 40시간이라는 법정 노동시간은 4명 이하 사업장과는 무관한, 외계에서 온 시간이었다.

1주 12시간이라는 연장근로시간의 한도 역시 4명 이하 사업장에서는 무의미했다. 법상으론 무제한 노동이 가능했다. 약 350만 명의 노동자들이 뉴스에서 떠들어대는 노동시간과는 무관한 삶의 영역에서 힘겨운 노동을 하고 있었다.[4] 한신의 사무실 지하 1층의 김밥나라는 24시간 불을 밝혔다. 같은 출판사의 다른 직원 3명도 마감일이 다가오자 새벽까지 불을 밝히고 김밥나라에서 야식을 먹었다. 힘겨운 사업장들의 힘겨운 공존이었다. 4명 이하 사업장에서 근무하는 노동자들은 워라벨이라는 용어 자체가 낯설었다. '일과 삶의 균형'은 적어도 4명 이하 사업장에서 일하는 노동자에게는 사치라고 근로기준법이 말하는 것 같았다.

'인간의 존엄성을 위해 만들어진 노동법이 이렇게 차가울 수도 있구나' 한신은 생각했다. 한신은 노동법의 민낯이 낯설었다. 무섭다는 느낌마저 들었다.

4명 이하 영세 사업장에서는 과로가 합법이었다.

4명 이하 사업장의 연장·야간·휴일근로

연장근로(1일 8시간, 1주 40시간을 초과한 근로), 야간근로(밤 10시부터 아침 6시까지의 근로), 휴일근로를 한 경우 통상임금의 50%를 추가 지급해야 한다는 조항도 4명 이하 사업장에서는 적용되지 않았다. 이른바 곱하기 1.5가 공중에서 인수 분해되어 흩어지고 있었다. 아무리 일을 많이 하더라도, 아무리 밤에 일을 하더라도, 아무리 휴일에 일을 하더라

작아도 아름다울 수 있을까

도 가산임금이 지급되지는 않았다. 그냥 곱하기 1.0이었다.

0.5의 권리가 4명 이하 사업장에서는 분해되고 소멸되었다.

법정공휴일도 늦어도 2022년 1월 1일부터는 유급휴일이 된다. 하지만 4명 이하 사업장은 법정공휴일을 휴일로 해야 할 의무가 없었다.

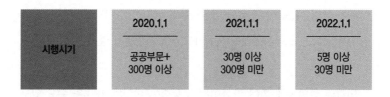

"한신 과장님, 우리같이 조그마한 회사가 쉴 것 다 쉬고, 그런 가산임금까지 지급하면 버틸 수 있겠어요? 힘들지만 일단은 회사가 살아야지요."

부장이 건물 밖 흡연공간에서 담배 연기를 후, 하고 공중에 날려 보내면서 한신에게 말했다. 생존만이 최고의 가치인 영세업체 사업체에서 노동인권의 가치는 저 담배연기처럼 공중에서 쉬 흩어지고 사라져 갔다.

4명 이하 사업장의 연차휴가

매년 최소 15일에서 최대 25일이 부여되는 연차휴가도 4명 이하 사업장에는 발생하지 않았다. 근로기준법은 쉼의 권리, 휴식권조차 차별했다. 근로기준법은 '다 생존을 위한 거야'라며 영세업체 노동자를 달래고 있었다. 헌법은 인간의 존엄성을 말하고 있는데, 근로기준법은 4명 이하 사업장에서 근무하는 노동자들은 존엄하지 않다고 말하고 있는 듯했다.

영세업체의 어려움을 모르는 바 아니지만 아무 대안도 없이 노동법의 온갖 보호조항에서 제외하는 게 과연 옳은 것인지, 한신은 답답했다.

4명 이하 사업장의 해고

"한신 씨, 어때요? 일은 할 만해요?"

서연이 오랜만에 민주를 보러 집에 들렀다. 둘째 아이마저 유산하고 서연은 이혼했다.

"유서 깊은 가문이란 게 별거 아니더라고요. 남자 아이를 낳아 주는 게 제 존재 이유였어요."

제사를 지낼 때마다 서연이 들으라는 듯 한숨 소리가 집안의 구석구석에 새겨졌다. 남편도 딱히 위로가 되지 않았다. 그 한숨 소리의 크기를 서연은 감당할 수 없었다.

서연의 존대는 낯설었다. 하지만 민주와 결혼한 이후, 서연은 한신에게 존댓말을 썼다. 그게 예의라 생각했다. 한신은 뭔가 불편했지만 딱히 무어라 요구하기도 애매했다.

작아도 아름다울 수 있을까

"한신 씨는 책 좋아하니까 그런 일 잘 어울릴 것 같아요. 제가 옛날에 참 많이 배웠는데……"

서연은 말끝을 흐렸다. 과거와 다른 본인을 직시하는 게 두려워서였을까.

"우리 팀 동료 한 명이 해고를 당했는데, 부당해고 구제신청을 했어요. 저한테 도와 달라고 하는데 어떻게 해 줄 수가 없네요. 혼자 이 험한 세상 살아가려면 직장에라도 붙어 있어야죠."

서연의 눈빛이 슬퍼 보였다. 옳음과 그름을 알면서도 옳음을 선택할 수 없는, 자괴감이 그 눈빛 속에 담겨 있었다.

"제가 다니는 곳은 부당해고 당해도 어디 호소할 곳도 없어요."

한신이 말을 돌렸다.

"왜요? 노동위원회에 가면 되잖아요?"

서연의 예전의 그 호기심 어린 눈빛으로 한신에게 물었다.

"노동자 수가 5명이 안 되는 사업장은 노동위원회에 가서 부당해고 구제신청을 할 수가 없어요. 노동위원회는 5명 이상의 사업장에만 문을 열어 놓았어요. 나가라면 나가야 하는 거죠. 법원에 갈 수도 있지만 소규모 사업장 노동자들이 그만한 여력이 있겠어요? 해고를 서면으로 통지하지 않아도 되고요."

"아, 그러면 해고에 대한 조항이 아예 적용되지 않는 건가요?"

"해고를 하려면 30일 전까지 예고하라는 조항이나 출산휴가기간에 해고할 수 없다는 조항은 적용돼요."

"아, 예고를 하지 않고 바로 해고하면 해고예고수당은 줘야 되는 거군요?"

"그렇긴 한데, 법전에만 등장하는 신기루 같은 거죠. 사실상 부당한 해고에 대해 구제신청을 못하니까, 무슨 의미가 있겠어요? 그래도 유급주휴일, 퇴직급여, 그리고 휴게시간은 적용되니까 다행이라는 생각도 들어요. 사장님들이야 그마저도 없애야 한다고 얘기하지만 말이죠."

***

서연이 떠난 후 한신은 바로 쓰러져 잠이 들었다. 요즘은 항상 그랬다. 한신의 눈은 매일 벌겋게 충혈이 돼 있었고 머릿속은 온갖 복잡한 생각들로 엉클어져 있었다. 4명 이하 사업장의 노동자가 살아가는 세계는 우중충한 회색빛으로 덮여 있는 것 같았다.

노동법을 잃어버린 세계였다.

그 회색의 세계에서 한신도 길을 잃고 헤매고 있었다.

작아도 아름다울 수 있을까

보이지 않는
사람들

"여보. 내가 언제 대학 들어갔는지 알아?"

"뜬금없이 무슨 소리야?"

"나, 고등학교 졸업하고 2년 뒤에 대학에 들어갔어. 치사하고 더러워서."

"갑자기 안 하던 옛날 얘기를 다하고. 많이 힘들어?"

잠이 오지 않을 때 침대는 조그마한 고해성사실이 되기도 하고
세상에서 가장 작은 카페가 되기도 한다.

마주 보면 할 수 없을 것 같은 얘기도 독백하듯 하게 된다. 눈이 천장을 향해 있으니 쓸데없는 용기가 생기는 것 같았다.

"특성화고 졸업하고 조그마한 제조업체에 취업했어. 내 힘으로 번 돈을 만질 때, 그 돈의 촉감이 참 좋았어. 친구들이 대학 가서 공부할 때 난 벌써 어른이 된 것 같았거든."

"……"

"대학 나온 친구들보다 월급이 적어서 대학에 가야겠다고 결심한 건 아니야. 뭐랄까. 사람들이 날 무시하는 느낌이었어. 내가 자존감이 낮아서 그런 건가 싶기도 했지만, 그건 아니었어. 대학도 안 가고 뭐했냐고 하더라. 술자리에서, 취중진담이라고. 거기서 결심했어. 대학에 가야겠다고."

민주는 한신의 말을 가만히 듣고 있었다. 한신은 옛날 얘길 하는 걸 싫어했다. 아버지가 돌아가신 게 아니라 어머니와 이혼했다는 걸 결혼하기 며칠 전에야 알았을 정도다. 어머니와 힘들게 살았다고 했다. 하지만 상처가 많은 사람이란 티는 전혀 나지 않았다. 그는 밝았고, 정의롭고, 용감했다. 무엇보다 타인의 아픔에 공감할 줄 아는 사람이었다. 과거의 상처가 지혜로 승화한 것일지 모른다고, 민주는 생각했다. 하지만 오늘의 한신은 약해 보였다. 두려워 보였다. 어쩌면 과거의 상처가 치유된 게 아니라 드러나지 않았던 게 아닐까, 민주는 생각했다.

한신은 마치 과거로 돌아간 듯 눈을 조용히 감고서 말을 이어갔다.

"대학 다닐 돈이 있어야 말이지. 장학금이 나와도 학비는 감당을 못하겠더라. 야간에도 일을 했고, 주말에도 일을 했어. 진짜 천사같이 좋은 사장도 만나 봤고, 저게 사람인가 싶을 정도로 쓰레기 같은 사장도 만나봤어. 성실한 동료도 있었고, 당일에 아무 말도 안 하고 그만둔 무책임한 동료도 있었어. 세상은 참 요지경이더라. 이런 사람, 저런 사람들이 다 각

보이지 않는 사람들

자의 방식대로 살아가고 있더라고······"

민주는 한신의 과거가 아프다는 생각보단 한신의 말문이 열렸다는 사실이 기뻤다. 요즘은 한신이 너무 피곤해서인지 말 한마디 주고받기가 쉽지 않았다.

***

"대학 다닐 때, 광용 시청에서 운영하는 도서관에서 주말 알바로 근무를 했었어. 계약서가 독특했지. 토요일에는 8시간 일을 했고, 일요일에는 6시간 일을 했어. 그때는 몰랐어. 왜 근무시간을 저렇게 만들어 놓았는지. 나중에야 그 이유를 알았지."
"초단시간 근로계약을 체결한 거구나."

민주가 한신의 얘기를 경청하고 있다는 증거라도 제출하듯이 한마디를 보탰다. 결혼하기 전에 한신에게서 초단시간 노동자에 대한 얘기를 들은 기억도 났다.

"응. 나 바로 앞에 근무한 알바 형님하고는 토요일 8시간, 일요일 8시간 계약을 체결했대. 한 2년 정도 알바를 꾸준하게 했다는데, 군대를 가면서 퇴직금도 청구하고 주휴수당도 청구를 했대."
"한 주 소정근로시간이 15시간 이상이면 퇴직금도 줘야 하고, 주휴수당도 줘야 하는 거, 맞잖아?"

"그렇지. 그런데 도서관에서 알바 인건비를 관리하는 공무원이 몰랐나 봐. 퇴직금이나 주휴수당을 전혀 생각하지 못했다고 하더라고. 그 형이 노동부에 가서 임금체불로 진정서를 제출했어. 당연히 퇴직금도 지급하고 주휴수당도 지급하라고 시정지시가 떨어진 거지. 그다음부터 주말에 근무하는 알바들 계약서를 다 바꿨대. 1주 14시간으로 말이야."

근로계약서에 1주 근로시간이 15시간으로 적혀 있는 것과 14시간 혹은 14시간 30분으로 적혀 있는 것은 엄청난 차이였다. 단지 1시간이나 30분의 격차가 아니었다.

1주 노동시간이 15시간 미만인 노동자에게는 퇴직급여를 지급해야 할 의무가 없었다.[5] 계속 일한 기간이 1년 이상이 되었더라도 퇴직금을 청구할 수 없었다.

그리고 주휴수당을 지급해야 할 의무도 없었다.[6] 1주일의 소정근로일수를 개근했더라도 하루치의 주휴수당을 청구할 수 없었다.

근속기간이 1년 미만인 노동자는 한 달을 개근할 경우 한 달에 1일씩 근속기간이 1년 이상인 노동자는 1년간 80% 이상 출근한 경우에 연 15일 이상의 유급연차휴가를 부여해야 하지만, **1일 소정근로시간이 15시간 미만인 노동자에게는 연차휴가를 부여해야 할 의무가 없었다.**[7]

보이지 않는 사람들

무기계약직이 될 기회도 박탈했다. **기간제 노동자가 2년을 초과해서 근무할 경우 무기계약직으로 간주된다는 조항은 1주 소정근로시간이 15시간 미만인 노동자에게는 적용되지 않았다.**[8]

사회보험도 산재보험을 제외하곤 가입 신고해야 할 의무가 없었다(단, 고용보험의 경우 초단시간근로자라 하더라도 3개월 이상 근로하는 경우에는 가입신고를 해야 한다).

고작 30분이 모자랄 뿐이었지만, 그 노동시간의 나비효과는 엄청났다. 성인군자가 아닌 다음에야 자본주의 국가에서 이런 인건비의 절감 효과를 무시할 수 있는 사업주는 많지 않았다.

초단시간 노동자의 비율은 누룩처럼 부풀어져 갔다.

그나마 근로시간이 4시간인 경우에는 30분 이상, 8시간인 경우에는 1시간 이상의 휴게시간을 주어야 한다는 조항은 적용됐다. 밥 먹을 시간은 가질 수 있었다. 초단시간 노동자라고 하더라도 근로계약서는 작성해야 하고, 연장근로를 하면 연장근로수당도 지급해야 한다. 하지만 그마저도 지키지 않는 사업장이 부지기수였다. 노동법은 그저 딴 나라 법이었고, 밥이 법을 이기는 사업장들이 수두룩했다.

인간의 권리, 인권이……
시간이 짧다는 이유로 삭제되고 있었다.
인권마저 이들을 외면하고 있었다.

***

"사실 도서관에서 난 보이지 않는 사람이었을 뿐이야. 1주에 14시간을 노동하는 초단시간 노동자에게 신경을 쓰는 사람은 없었어. 최저임금하고 산재보험 정도만 잘 챙기면 다른 건 신경 쓸 것도 없었지. 인권이라고 얘기하기도 민망한 존재였어. 뭐가 있어야 얘기라도 하지."

"그래도 당신은 약자에 대한 관심을 배웠잖아. 지금 당장이라도 가볍게 훅, 불면 날아갈 것 같은 연약한 사람들에 대한 예의를 말이야."

"그런가? 그런데 그게 무슨 소용이 있을까, 싶어. 내가 주는 관심보다 법조항 하나 바꿔 주는 게 더 의미가 있지 않을까?"

직장이 폐업한 이후, 한신은 부적 과거가 많이 떠올랐다. 조그마한 출판사지만 정 붙이며 근무해야지, 생각하다가도 문득문득 가슴 한편이 답답해졌다. 다시 초단시간 노동자로 근무하던 대학시절로 돌아온 것만 같았다. 돌아도 돌아도 원점이었다.

"여보, 우리 함께 이겨 나가자. 우리 아직, 젊잖아."

보이지 않는 사람들

민주가 팔짱을 끼며 다정한 목소리로 말했다.

변한 것도 있었다. 옆에 누워 가만히 얘기를 들어주고 있는 유일한 내 편, 민주가 있다는 것. 독립할 때까지 책임져야 할, 눈에 넣어도 아프지 않을 귀여운 아이들이 똘똘한 눈망울로 한신을 바라보고 있다는 것. 그리고 다시 사람이 먼저인 삶을 고민하게 되었다는 것.
돈만으로는 살 수 없는 값진 것들이 여전히 한신의 주위를 둘러싸고 있었다.

한신은 다시 눈을 감았다. 꿈을 꾸고 싶었다. 사람이 사람답게 살아가는 꿈을.

누군가의 뒷모습은
누군가의 역사

　한신의 삶은 마치 롤러코스터 같았다. 내리막이 언제쯤 등장할지 알 수 없는, 앞이 보이지 않는 투명한 선로 위를 달리고 있었다. 두려웠다. 그리고 불안했다. 아내의 월급으로 어느 정도의 기본적인 생활은 유지할 수 있었다. 하지만 주위의 시선이 불편했다. 아내는 대기업의 인사팀 과장이었고, 남편은 소규모 출판사의 홍보담당 직원이었다. 한신은 '그게 뭐 어때서'라며 애써 스스로를 위로했지만, 사회를 짓누르고 있는 공기의 무게도 만만치 않았다. 남자가 여자를 먹여 살려야 한다는 과거의 유산이, 남자와 여자는 평등하다는 현재의 가치와 충돌하며, 여기저기서 갈등을 생산해 내고 있었다. 남혐이니 여혐이니 하는, 과거에는 듣지도 보지도 못한 단어가 일상 생활용어가 되어 있었고, 생각이 다른 사람들에게는 벌레 충(蟲)이라는 접미사를 꼬리표처럼 붙이고 있었다. 민지도 회사에서 맘충이라는 소리를 들은 적이 있다고 했다.

　　사람이 벌레가 되었다.

사람이 존중의 대상이 아니라 혐오의 대상이 되었다.

이전에는 경험하지 못했던, 거꾸로 나아가는 새로운 사회적 진화가 시작되고 있었다. 그리곤 사람이 아니라 물건에게 존중의 면류관을 씌웠다. 사람이 수단이 되었고, 물건이 목적이 되었다. 돈이, 아파트 평수가, 자동차 크기가 존중의 대상이 되었다. 어느새 물신을 숭배하는 사회 분위기가 일상의 공기가 되어 있었다. 모여서 하는 얘기가 다 그런 것들이었다.

***

"그런데 돈이 중요하더라고요."

오랜만에 만난 문기에게 한신이 말했다.

"돈이 없으니까, 할 수 있는 게 없더라고요. 예전에는 돈, 돈, 돈을 입에 달고 다니는 사람들을 엄청 경멸했는데 실제로 제가 임금체불을 당해 보니까 생각이 좀 달라져요."
"그래도 있는 사람들이 돈, 돈 하는 것과 하루하루 벌어먹는 사람들이 돈, 돈 하는 건 그 가치가 다르지. 있는 사람들에게 돈은 탐욕이 될 수도 있어."

하지만 없는 사람들과 노동자들에게 돈은 생명이야.

한신은 문기의 말에 고개를 끄덕였다.

"그래도 민주가 대기업에 다니고 있으니까, 좀 괜찮지 않니?"
"네, 다른 동료들에 비해서 전 괜찮은 편이죠. 그런데 전 안 그럴 줄 알
았는데, 자존심이 상할 때가 있더라고요. 장인장모가 계속 그 직장 다닐
거냐고 물어보는데 아무 말씀도 못 드렸어요. 아주 짧은 순간이었지만,
실패한 인생을 살고 있는 것 같은, 그런 자괴감이 느껴지더라고요."

문기는 아무 말 없이 한신의 말을 듣고 있었다.

"나는 앞으로도 그냥 혼자 살 거야. 그게 더 편할 것 같아."
"예? 형, 왜요? 저는 결혼하고, 애 낳고, 함께 늙어가는 것도 인생의 큰
복이라고 생각해요. 시간이 갈수록 외로워지기도 할 거고요. 고독사 몰
라요? 전 그렇게 외롭게 죽고 싶지는 않아요."
"너야, 그렇게 살면 되지. 그런데 난 쥐꼬리 같은 돈 받으면서 결혼하
고, 집 사고, 애 낳고, 애들 교육시키고, 장가보내고, 시집보내고 할 자신
이 없어. 나 혼자면 이 정도 벌어도 지낼 만해. 큰 집도 필요 없고, 조그
마한 원룸 하나 구해서, 돈 모아서 혼자 여행도 다니고. 요즘은 나같이
사는 친구들도 많아서 그렇게 외롭지도 않아. 그래. 반드시 돈 때문만은
아냐. 그냥 라이프스타일이 달라진 것 같아. 상황이 바뀌더라도 결혼은
안 할 거야."

누군가의 뒷모습은 누군가의 역사

문기는 집과 결혼에 대한 생각을 바꿨다. 그러자 자유로워졌다고 했다. 집에서는 계속 닦달을 했지만, 문기는 아무 대꾸도 하지 않았다. 그렇게 시간은 흘러갔고 이제 혼자 사는 생활이 자연이 되었고, 공기가 되었다. 어디론가 훌쩍 떠날 수 있을 것만 같았다.

"아, 참. 그래서 네 회사 임금체불 건은 잘 해결됐니?"

"말도 마세요. 노동부에 진정할까 하다가 사장님께서 조금만 더 기다려 달라고 해서 참았죠. 저도 뭐, 딱히 딴 데 갈 곳도 없고요. 사장님도 사람이 나쁜 게 아니라 진짜 회사가 힘들었거든요. 이번에 출간한 그 책 한 권, 대박 안 터졌으면 어떻게 됐을지 몰라요. 천만다행이죠."

임금은 모든 노동자의 생명줄이다. 그 생명줄을 얼마나 굵게 만드느냐가 최저임금의 문제라면 그 생명줄을 던져 주느냐, 그렇지 않느냐는 임금체불의 문제였다.

"이자는 아예 받을 생각도 안 했어요."

한신은 원금이라도 받은 것이 다행이라는 듯 한마디를 은연중 내뱉었다.

***

임금은 통화로, 직접, 그 전액을, 매월 정기일에 지급해야 한다.[9]

"우리 회사는 임금체불 때문에 한바탕 난리가 났었어. 회사가 개인적인 성과급을 빼고서 퇴직급여를 계산한 거야. 그런데 원래 **지급기준과 지급시기를 정한 다음에 지급하고 있는 개별 인센티브는 임금이거든. 퇴직급여 속에 포함해야 돼.**[10]"

"아, 그래요? 그건 몰랐네요."

"응. 보통 연말에 사장이 아무 기준도 없이 지급하는 포상금은 임금이 아니야. 하지만 우리 같은 기사들은 한 대 수리할 때마다 개인 인센티브 얼마를 매월 지급하도록 돼 있어. 그렇게 지급하는 개인 인센티브는 임금이거든. 그리고 원래 퇴직했을 경우에는 퇴직일로부터 14일 이내에 밀린 임금과 퇴직급여를 지급해야 하는데, 그 기간 안에 지급이 안 됐어. 15일째부터는 이자도 연 20%가 붙는데 회사가 무슨 생각인지 몰라도 지급을 제때 하지를 않았어. **재직기간 중에 임금체불했을 때 연 6% 이자보다 훨씬 이자가 센데 말이야.**[11]"

"그러면 퇴직한 사람이 문제를 제기한 거군요?"

"**응, 노동부에 임금체불이라면서 진정서를 냈어. 법원에 갈 수도 있는데 그만한 돈도, 시간도 없으니까, 노동부에 가는 게 제일 현실적이었지.**[12]"

"당연히 그런 성과급은 임금이니까, 퇴직금을 다시 산정해서 차액을 지급하라고 시정명령이 떨어졌어."

"그러면 다시 계산해서 지급하고 끝났겠네요?"

한신은 이야기의 끝이 짐작된다는 듯 가볍게 말했다. 그러자 문기가 짧은 한숨을 쉬었다.

"그런데 회사가 그 명령에 따르지 않았어. 그게 왜 임금이냐고, 오히려 근로감독관을 가르치려고 했지."

"예? 그래요? 와, 형 회사 보통이 아니네요. 그래서 어떻게 했어요? 법원에 갔어요?"

"응, 노동부에서 〈체불임금등·사업주 확인서〉를 발급받고 **대한법률구조공단**[13)에 가서 소송대리를 신청하러 갔어. 월 평균임금이 400만 원 미만인 노동자들은 법률구조공단의 지원을 받을 수 있거든."

"그래서 잘 해결됐어요?"

"응, 결국 중간에 돈은 다 받아 냈어. 그리고 처벌불원서를 냈지. **원래 고의적인 임금체불은 범죄행위인데 피해자인 노동자가 회사 처벌을 원하지 않으면 처벌할 수 없거든. 회사가 처벌불원서 받고 나서 임금 지급하고 사건이 끝났어. 회사 규모로서는 그리 큰 금액도 아니었는데 거의 사람 피를 말리더라고. 그게 목적이었겠지. 피를 말리는 거."**[14)]

한신은 무언가 이상했다. 제3자에 대한 얘기가 아닌 것 같았다. 마치 본인이 사건의 당사자가 되어 이야기를 풀어놓은 듯 느껴졌다.

"형, 혹시?"

"응? 역시 눈치가 빨라. 나 그만뒀어. 퇴직급여 받는 게 이렇게 힘든 줄은 몰랐어. 내가 그렇게 강한 사람이 아니지 않니? 회사가 은근슬쩍 자꾸만 찌르는데 아프더라고. 안 아픈 척했지만 두렵기도 했어. 나, 석 달 후에 호주에 가. 용접기술을 배웠어. 일단은 경력이 없어서 용접보조를 하는데, 시급으로 약 25달러 정도 나온대."

"형……."

"사실 너무 힘들었어. 남들은 나를 싸움닭으로 알지만, 내가 어디 그렇게 센 사람이니? 점장이랑 싸우고 알바 그만둘 때도 힘들었고, 회사에서 해고될 때도 겁났어. 앞으로 어떻게 살아야 하나, 하고 말이야. 직장에서 나오고 여자 친구와 헤어졌을 때는 정말 죽고 싶은 심정이었지. 회사에서 나를 왕따시킬 때는 너무 외롭기도 했고. 노조 위원장 할 때는 조합원들에 대한 섭섭함이 하늘에 닿을 정도였어. 곰곰 생각해 보니까 졸업한 후에 우리나라에 대해서 좋은 추억이 별로 없더라. 매일매일 악몽을 꾸는 기분이었어. 너나 민주같이 진실한 친구, 서연이같이 보이지 않게 도와주는 친구가 있어서 참 고마웠어. 사막에서 종려나무 일흔 개가 있는 오아시스를 만난 기분이랄까. 그래도 그것만으로 억울함이 사라지지 않더라. 그래서 결심했어. 차라리 삶을 리셋해 버리자고 말이야."

***

문기는 떠나기 전에 한 번 더 만나자고 말했다. 한신은 떠나는 문기의 뒷모습을 물끄러미 바라보았다.

누군가의 등이 얘기할 때가 있다. 입에서 나오는 어떤 애절한 말들보

누군가의 뒷모습은 누군가의 역사

다 더욱 호소력 있게 사람의 마음을 뭉클거리게 하는 그 무언가가 누군가의 뒷모습에서 느껴지곤 한다.

문기의 뒷모습을 바라보자 미안함과 아쉬움이 범벅된 묘한 감정의 상태가 한꺼번에 한신에게 밀려왔다. 누군가의 뒷모습은 누군가의 역사를 대변하고 있는지도 모를 일이다. 누군가를 진정으로 이해하려면, 얼굴을 바라보기보다는 뒷모습을 바라볼 수 있는 용기를 지녀야 한다. 꾸미려야 꾸밀 수 없는 그 누군가의 뒷모습이 점점 더 가치를 잃어가고 있는 요즈음이다. 역사를 바라보기보다는 순간을 바라보고, 진실을 추구하기보다는 눈에 좋은 것만을 추구하는 세대가 아닐까.

문득 나의 뒷모습은 어떨까, 라는 생각이 한신의 머릿속을 스쳐 지나갔다.

아름다운 얼굴도 나쁘진 않지만
아름다운 뒷모습을 보일 수 있는 그런 사람이 되고 싶다.

문기는 독한 사람이 아니었다. 사람에 대한 예의가 있었다. 사소한 약속에도 얼굴을 붉히고 미안해할 줄 아는 겸손한 사람이었다. 조그마한 실수에 소탈한 웃음으로 어깨동무할 수 있는, 그런 사람이었다. 인생의 가장 밑바닥에 있는 사람들을 따뜻한 시선으로 바라볼 줄 아는 사람이었다.

나는 어떨까. 말만 무성했지, 열매가 없는 나무 같은 삶이 아니었을까. 한신은 문기의 등을 보며 부끄러웠다. 하늘을 바라보자 보름달이 부끄러운 한신의 어깨 위에 살포시 내려앉았다.

하늘이 주는 조그마한 위로, 같았다.

미주   1) **근로자퇴직급여보장법 제4조(퇴직급여제도의 설정)**

① 사용자는 퇴직하는 근로자에게 급여를 지급하기 위하여 퇴직급여제도 중 하나 이상의 제도를 설정하여야 한다. 다만, 계속근로기간이 1년 미만인 근로자, 4주간을 평균하여 1주간의 소정근로시간이 15시간 미만인 근로자에 대하여는 그러하지 아니하다.

근로기준법 제60조(연차 유급휴가)

① 사용자는 1년간 80퍼센트 이상 출근한 근로자에게 15일의 유급휴가를 주어야 한다.

2) **기간제 및 단시간근로자 보호 등에 관한 법률 제4조(기간제근로자의 사용)**

② 사용자가 …(중략)… 2년을 초과하여 기간제근로자로 사용하는 경우에는 그 기간제근로자는 기간의 정함이 없는 근로계약을 체결한 근로자로 본다.

3) **기간제 및 단시간근로자 보호 등에 관한 법률 제8조(차별적 처우의 금지)**

① 사용자는 기간제근로자임을 이유로 당해 사업 또는 사업장에서 동종 또는 유사한 업무에 종사하는 기간의 정함이 없는 근로계약을 체결한 근로자에 비하여 차별적 처우를 하여서는 아니 된다.

기간제 및 단시간근로자 보호 등에 관한 법률 제9조(차별적 처우의 시정신청)

① 기간제근로자 또는 단시간근로자는 차별적 처우를 받은 경우 노동위원회법 제1조의 규정에 따른 노동위원회에 그 시정을 신청할 수 있다. 다만, 차별적 처우가 있은 날(계속되는 차별적 처우는 그 종료일)부터 6개월이 경과한 때에는 그러하지 아니하다.

4) 한국노동연구원, 〈4인 이하 사업장 실태조사〉 보고서, 2016.

당하지
않습니다

5) 근로자퇴직급여보장법 제4조

6) 근로기준법 제18조제3항 및 제55조

7) 근로기준법 제18조제3항 및 제60조

8) 기간제 및 단시간 근로자 보호 등에 관한 법률 제4조제1항제6호

9) **근로기준법 제43조(임금 지급)**

① 임금은 통화(通貨)로 직접 근로자에게 그 전액을 지급하여야 한다. 다만, 법령 또
는 단체협약에 특별한 규정이 있는 경우에는 임금의 일부를 공제하거나 통화 이
외의 것으로 지급할 수 있다.

② 임금은 매월 1회 이상 일정한 날짜를 정하여 지급하여야 한다. 다만, 임시로 지급
하는 임금, 수당, 그 밖에 이에 준하는 것 또는 대통령령으로 정하는 임금에 대하
여는 그러하지 아니하다.

10) 인센티브(성과급) 지급규정이나 영업 프로모션 등으로 정한 지급기준과 지급시기
에 따라 인센티브(성과급)를 지급하여 왔고, 차량판매는 피고 회사의 주업으로서
영업사원들이 차량판매를 위하여 하는 영업활동은 피고 회사에 대하여 제공하는
근로의 일부라 볼 수 있어 …(중략)… 이 사건 인센티브(성과급)는 퇴직금 산정의 기
초가 되는 평균임금에 해당한다. (대법원 2011.7.14, 2011다23149 선고)

11) **근로기준법 제36조(금품청산)**

사용자는 근로자가 사망 또는 퇴직한 경우에는 그 지급 사유가 발생한 때부터 14일
이내에 임금, 보상금, 그 밖에 일체의 금품을 지급하여야 한다. 다만, 특별한 사정이
있을 경우에는 당사자 사이의 합의에 의하여 기일을 연장할 수 있다.

근로기준법 제37조(미지급 임금에 대한 지연이자)

① 사용자는 제36조에 따라 지급하여야 하는 임금 및 「근로자퇴직급여 보장법」 제

2조제5호에 따른 급여(일시금만 해당된다)의 전부 또는 일부를 그 지급 사유가 발생한 날부터 14일 이내에 지급하지 아니한 경우 그 다음 날부터 지급하는 날까지의 지연 일수에 대하여 연 100분의 40 이내의 범위에서 「은행법」에 따른 은행이 적용하는 연체금리 등 경제 여건을 고려하여 대통령령으로 정하는 이율(※ 현재 연 100분의 20)에 따른 지연이자를 지급하여야 한다.

12) 근로기준법 제104조(감독 기관에 대한 신고)

① 사업 또는 사업장에서 이 법 또는 이 법에 따른 대통령령을 위반한 사실이 있으면 근로자는 그 사실을 고용노동부장관이나 근로감독관에게 통보할 수 있다.

② 사용자는 제1항의 통보를 이유로 근로자에게 해고나 그 밖에 불리한 처우를 하지 못한다.

13) www.klac.or.kr

14) 근로기준법 제109조(벌칙)

① 제36조, 제43조, 제44조, 제44조의2, 제46조, 제56조, 제65조 또는 제72조를 위반한 자는 3년 이하의 징역 또는 2천만원 이하의 벌금에 처한다.

② 제36조, 제43조, 제44조, 제44조의2, 제46조 또는 제56조를 위반한 자에 대하여는 피해자의 명시적인 의사와 다르게 공소를 제기할 수 없다.

"함께 외치면
세상이 바뀝니다"

진리의 송곳이 각자의 양심을 찌를 때, 그리고 그 상식적인 양심의 소리가 밖으로 드러날 때, 사회는 변한다고 생각했다.

무언가 외치고 싶었다. 하지만 빨간 머리띠를 굳게 동여매고, 두 주먹 불끈 쥔 채, 익숙하지 않은 구호를 외칠 만한 용기가 없었다. '단결, 투쟁'이라는 구호가 새겨져 있는 허름한 조끼를 입고 사람들 앞에 서는 것도 부끄러웠다. 노동조합이라면 아무 이유도 묻지 않고 손가락질하는 사람들의 편견도 싫었다. 하청업체와 비정규 노동자의 목소리에 눈과 귀를 닫아 버린 일부 공공기관과 대기업 노조의 이기적인 민낯을 보고 실망하기도 했다. 오히려 침묵이 편했다. 갑질을 볼 때마다 살짝 양심의 눈을 감으면 됐다. 그러자 나의 양심도 침묵 속에 말라 비틀어져 갔다.

나를 둘러싼 다른 이들도 침묵했다. 암흑과도 같은 침묵 속에서 아메바와 같은 조그마한 괴물들이 태어났고 형체조차 보이지 않던 조그마한 생명체가 소리 없는 양심을 먹으면서 끝도 없이 자라났다. 진격의 거인처럼 인간성을 잊어버린 괴물들은 진리를 사냥하며 사회 공동체를 파괴했다. 어느새 그런 전쟁이 사회의 일상이 되었다. 낮에는 카페인의 힘으로 밤에는 알코올의 힘으로 힘겹게 삶을 유지하는, 과로의 천국이 되었다. 사주라고 불리는 사람들이 백주대낮에 부하직원에게 손가락질을 해대고, 쌍욕을 퍼부어대도 죄인처럼 고개를 숙이고 아무 소리도 내지 못하는 갑질의 천국이 되었다.

을이라고 불리는 이들조차 다시 병과 정으로 분화되었고, 을은 병에게 병은 정에게 갑이 되었다. 정규직은 비정규직과 연대하지 않았고, 원청업체는 하청업체를 희생양 삼아 스스로의 배를 채웠다. 특성화고 학생들과 실습이 필요한 대학생들은 '열정페이'라는 희한한 단어를 '삶'이라는 학교에서 배웠다. 노동의 권리를 주장하는 프로그램을 제작하며 프리랜서 작가들과 외주제작사 PD들이 과로로 쓰러지는 모순이 이어졌다.

차별과 희생이 시대정신이 되었다. 연대의 정신은 그리스신화에 나오는 이야기처럼 아주 오래된 전설이 되어 버렸다. 도덕의 최소한에 불과한 법조차 함부로 얘기할 수 없었다. 상식적인 법의 권리를 외치는 이들에게 사회생활도 못 하는 무능한 사람이라는 딱지를 붙였다. 남녀평등이라는 당연한 법의 목소리에도 혐오주의자라는 주홍글씨를 새겨 버렸다. IMF라는 기나긴 터널에서 빠져나와 주위를 둘러보니 이미 우리 사회는 각자도생의, 소리 없는 전쟁터가 되어 있었다. 온갖 벌레들로 가득한 혐오사회가 되어 있었다.

노래패에서 노래를 불러보기도 했다. 노래는 젊고 소심한 내가 할 수 있는, 괴물들에 대한 최대한의 저항이었다. 하지만 연대를 외치는 노랫말의 가사가 현실에서는 통하지 않았다. 여전히 보이지 않는 칼과 총이 서로의 심장을 겨누는 듯 보였다. 하얀 종이 위에 곱게 새겨져 있던 고귀한 노랫말들은 전쟁과도 같은 붉은 현실 속에서 무릎을 꿇었다.

***

법을 싫어했다. 아니, 싫어했다기보다는 무시했다는 표현이 맞을 것 같다. 무시의 결과는 무지였다. 법에 대해 무지했다. 법전의 한 단어가 바뀌면 일상의 삶이 요동친다는 사실을 깨달은 이후에야 비로소 법전을 뒤적거리기 시작했다. 그런데 법전에 새겨져 있는 언어는 우리말이 아니라 외계어 같았다. 노동법 해설서에 쓰여 있는 학자들의 말도 읽기가 쉽지 않았다. 학자의 언어가 아닌 현실의 언어로, 직장인들이 공감하고 이해할 수 있는 노동법 책을 써 보고 싶었다.

노동법은 갑질 가득한 치열한 전장에서 노동자에게 주어진 최후의 방패 같은 거다. 노동법은 노동자가 전쟁터의 병사가 아니라 존엄한 인간이라는 걸 고독하게 외치고 있는 마지막 선지자 같은 존재다. 사회생활의 현실과 노동법의 고독한 외침을 소설의 옷을 입혀 담아 보고 싶었다.

"함께 외치면 세상이 바뀝니다"

물론 노동법은 직장 내 모든 문제를 해결할 수 있는 만병통치약이 아니다. 하지만 말도 안 되는 직장 내 갑질에 저항하는 작은 첫걸음이 될 수는 있을 것이다.

글을 다 쓰고 보니, 경험의 울타리를 넘어서기가 쉽지 않다는 사실을 새삼스레 깨닫는다. 사라진 권리를 부르짖던 서연의 목소리 속에 교내 알바를 하던 나의 대학시절이 묻어 있었고, 인사팀에서 각종 기안을 하며 자괴감을 느끼던 민주의 모습은 인사팀에서 근무할 때의 내 모습과 크게 다르지 않았다. 노조가 유일한 대안이라 생각했지만 노노 갈등을 겪으며 무너질 때의 참담함은 민기의 눈물 속에 녹아 있었고, 노동법의 이상만으로 현실의 굴레를 벗어날 수 없다는 한신의 독백은 곧 나의 고백이기도 했다.

좀 더 재미있게 노동법의 세계에 들어올 수 있도록 소설이라는 장르를 택했지만, 현실의 경험을 넘어서지는 않았다. 다 쓰고 나니 등에 짊어지고 있던 큰 짐을 내려놓은 듯 홀가분하기도 하고, 못다 한 이야기들이 순간순간 떠올라 아쉽기도 하다. 언제 다시 이런 글을 쓰게 될지는 모르겠다. 다시 키보드를 치며 그리고 있을 세상의 풍경은 어떨까? 이 소설이, 말도 안 되는 과거의 유물이 돼 있는 그런 세상이었으면 좋겠다. 5년 뒤, 10년 뒤의 서연은 지금보다 훨씬 더 행복하게 살아갈 수 있게 되기를 바란다. 티끌같이 작은 응원을 바람결에 실어 이 땅의 모든 서연에게 보낸다.

이 책이 양심에 소곤대는 조그마한 귓속말이라도 될 수 있게 되기를 소망한다.

"함께 외치면 세상이 바뀝니다"

참고 문헌

〈개정 근로기준법 설명자료〉, 고용노동부, 2018.5.

〈2016년 노동조합 조직현황〉, 고용노동부, 2017.

《한국노동계급의 형성》, 구해근 지음, 신광영 옮김, 창작과비평사, 2002.

《헌법의 풍경》, 김두식, 교양인, 2004.

《산업사회의 노동과 계급의 재생산》, 김왕배, 한울아카데미, 2001.

《노동법 I》, 김유성, 법문사, 2005.

《노동법 II》, 김유성, 법문사, 2000.

《새로 쓴 노동법》 25판, 김형배, 박영사, 2016.

《현대자동차에는 한국노사관계가 있다》, 박태주, 매일노동뉴스, 2014.

《한국의 계급과 불평등》, 신광영, 을유문화사, 2004.

《노동인권과 노동법》, 신인령, 도서출판녹두, 1999.

《노동법》 15판, 이상윤, 법문사, 2017.

《한국노동운동사 100년의 기록》, 이원보, 한국노동사회연구소, 2005.

《노동법》 16판, 임종률, 박영사, 2018.

《연차휴가실무》, 조갑식, ㈜중앙경제, 2016.

《로스쿨노동법해설》 3판, 조용만·김홍영, 도서출판오래, 2016.

《노동판례백선》, 한국노동법학회, 박영사, 2015.

《좋은 교대제는 없다》, 한국노동안전보건연구소, 한국노동안전보건연구소, 2015.

〈4인 이하 사업장 실태조사 보고서〉, 한국노동연구원, 2016.

《기린의 날개》, 히가시노 게이고 저, 김난주 역, 도서출판재인, 2017.

색인

당하지
않습니다

당하지 않습니다

초판 1쇄 발행 2018년 11월 5일
2쇄 발행 2020년 3월 9일

지은이 김영호
펴낸이 이광재

책임편집 김미라
디자인 이창주 　　　　**마케팅** 정가현 　　　　**영업** 허남

펴낸곳 카멜북스 　**출판등록** 제311-2012-000068호
주소 서울 마포구 성지길 25 보광빌딩 2층
전화 02-3144-7113 　**팩스** 02-6442-8610 　**이메일** camelbook@naver.com
홈페이지 www.camelbooks.co.kr 　**페이스북** www.facebook.com/camelbooks
인스타그램 www.instagram.com/camelbook

ISBN 978-89-98599-48-5 (03300)